AF390113

CRIS DE GUERRE ET DEVISES

CRIS DE GUERRE

ET

DEVISES

DES ÉTATS DE L'EUROPE,

DES PROVINCES ET VILLES DE FRANCE

ET

DES FAMILLES NOBLES

De France, d'Angleterre, des Pays-Bas, d'Italie, de Belgique, etc., etc
Des Abbayes et Chapitres nobles,
Des ordres civils et militaires, etc., etc.

Par le comte de C....

PARIS

IMPRIMERIE H. SIMON DAUTREVILLE ET Ce,
RUE NEUVE-DES-BONS-ENFANTS, 3.

1832.

INTRODUCTION.

———

Au milieu de l'intérêt toujours croissant qu'inspire l'étude des faits qui ont concouru à jeter de l'éclat sur l'histoire de notre pays, des hommes de cœur et d'intelligence ont compris que cette étude ne devait point, à peine d'être incomplète, se borner à connaître les faits principaux, non plus qu'à scruter en détail les plans de politique des princes. L'histoire des rois ne forme qu'une partie de l'histoire du pays; et celui-là n'a qu'une science incomplète, qui n'a point embrassé dans ses recherches les diverses classes de la nation. Aussi, de tous temps, mais plus encore maintenant, s'est-on occupé avec une louable curiosité de tout ce qui pouvait avoir rapport à l'ordre de la no-blesse : on a interrogé avec une attention scrupuleuse, on a compulsé tout ce qui était de nature à jeter quelque jour sur son institution, ses développements ou sa conduite ; des livres nombreux traitent de la science des armoiries ; d'Hozier et La Chesnaye des Bois ont consacré leur vie à réunir les généalogies des grandes maisons de France ; et, tout récemment encore, M. Jouffroy d'Eschavannes a publié un livre qui contient le thème de près de dix mille écussons. Ce sont là, sans doute, de nobles travaux ; mais une seule chose m'étonne, c'est que, parmi tant d'hommes s'occupant de la même science, aucun n'ait encore songé à faire des cris de guerre et des devises de ces mêmes familles, le but de quelques recherches. Et pourtant les armoiries appartiennent en quelque sorte à l'histoire privée des familles ; tandis que leurs devises font réellement partie de l'histoire générale du pays.

En effet, ce ne sont plus ici des signes, pour ainsi dire, hiéroglyphiques ; ce sont des indications curieuses, des données positives sur les opinions, les passions, les pensées et les principes des grands. Or, n'est-ce pas d'après ces mêmes principes, qu'ils ont adopté le plan de conduite qui les a immortalisés ; ne sont-ce point ces mêmes pensées qui ont déposé

dans leur cœur le germe des grandes et nobles actions ? En contemplant les armoiries de leur famille, les gentilshommes se rappelleront qu'ils sont nés nobles ; en lisant la devise loyale et courageuse de leurs pères, ils sauront à quel prix leurs ancêtres ont acquis la noblesse, à quelles conditions, descendants, ils la perpétueront. Il ne suffit point de savoir qu'on a l'honneur d'être au-dessus de ses semblables, il faut encore connaître et ne pas oublier les devoirs qu'imposent ce rang et cette supériorité. « Pour moi, » dit en quelque endroit un écrivain de mérite, « si j'avais à ins-
» truire un jeune prince, je voudrais le faire
» par la devise. Je ferais peindre toutes les de-
» vises que les princes ont portées, et celles
» qui ont été faites pour eux en diverses
» rencontres ; j'y ajouterais les devises des
» grands hommes, non-seulement pour les
» faire connaître tous au jeune prince, mais
» encore pour l'animer à la vertu par leur exem-
» ple. Je ferais des devises sur tous les devoirs
» du prince, tant à l'égard de Dieu qu'à l'égard
» de ses sujets et de soi-même. Par les unes
» et par les autres, il apprendrait aisément et

» avec plaisir non-seulement la morale et la po-
» litique, mais encore l'histoire héroïque. »

Telle est la lacune que mes efforts tendent à combler. Un travail aussi considérable ne saurait avoir la prétention d'être complet ; j'ai néanmoins réuni dans ce petit recueil plus de 3,000 cris de guerre ou devises. Les familles étrangères y ont trouvé place, la plupart des pairs et des baronets anglais y figurent, et une notice historique sur l'origine des cris de guerre complète ces recherches.

J'ai adopté, comme plus commode, le classement alphabétique ; je crois donc devoir prévenir que les pairs d'Angleterre, représentant pour la plupart plus d'une pairie, c'est à leur nom de famille qu'on les trouvera, non à leur titre. Ainsi, pour connaître la devise des ducs de Norfolk, comtes de Surrey et d'Arundel, c'est à Howard qu'il faudra chercher. Au surplus, pour faciliter les recherches, on trouvera à la fin de ce volume une table alphabétique des titres anglais avec le renvoi au nom de famille.

NOTICE

LES CRIS DE GUERRE ET LES DEVISES

De toutes les sciences, le blason est celle où il importe le plus de bien s'entendre sur les mots, et, sans contredit, celle où l'on s'entend le moins. Que de vérités avérées dont un faux emploi de termes a fait des erreurs grossières. Des auteurs sérieux, de graves écrivains ne nous ont-ils pas donné les *armoiries* de Moïse, d'Énée ou de David : à cela on sourit de pitié, et néanmoins rien de plus vrai en réduisant la question aux proportions d'une querelle de mot.

1*

Si, en effet, les auteurs qui ont traité de la science, objet de ces recherches, et le nombre en est grand, avaient d'abord reconnu que les armoiries sont des emblêmes et les devises aussi, ils se seraient épargné bien des dissertations à perte de vue, et les opinions qui, au premier coup d'œil, semblent les plus contradictoires et les plus erronées, paraîtraient, aux yeux de tous, pleines de raison et de vérité. Je vais tenter de le prouver.

En premier lieu, les armoiries ne sont pas aussi anciennes que l'affirment quelques écrivains : les armoiries proprement dites, telles que nous les connaissons, soumises à des règles fixes et invariables, règles de couleurs, règles de forme, ne remontent pas au-delà des Croisades. Avant cette époque, on voyageait peu : les seigneurs abandonnaient rarement leurs fiefs, si ce n'est pour suivre le roi à la guerre, et les figures que, dans ce dernier cas, ils faisaient peindre sur leurs bannières, lorsqu'ils étaient assez considérables pour avoir le droit d'en porter, ces figures, dis-je, prises au hasard, résultat d'une fantaisie, ne sauraient être regardées comme des armoiries sérieuses, mais bien comme des emblêmes primitifs, que les seigneurs purent conserver dans la suite, mais qui ne dépendaient ni du nom, ni du fief, n'avaient point été reçus des aïeux, et n'étaient pas, de toute nécessité, transmissibles aux enfants. Un seul système différent de celui que je développe ici, m'a paru digne d'être discuté.

Des auteurs savants et consciencieux ont avancé

que les armoiries étaient déjà connues depuis quelque temps, lorsque commencèrent les Croisades, et
que ce furent les tournois, joûtes et jeux chevaleres-
ques qui les mirent en usage. Ils s'appuient, à cet
égard, sur l'étymologie du mot blason, venu de l'al-
lemand *blazen*, sonner du cor, parce que, disent-ils,
avant que les preux entrassent en lice, les hérauts
qui se tenaient aux portes du champ clos, procla-
maient, à son de trompe, les armes des tenants et des
assaillants. Comme question de fait, ceci est sans ré-
plique, mais l'induction qu'on cherche à en tirer ne
me semble pas logique, puisque rien ne prouve que les
hérauts blasonnassent autre chose, sinon les meubles
de l'écu, ces meubles, emblêmes primitifs, qui, ainsi
que je l'ai dit, existaient depuis long-temps et formaient, si je puis m'exprimer ainsi, l'enfance
de l'héraldicité. En effet, le nom même des diverses couleurs et fourrures qui constituent le champ
de l'écu et les distinguent entre eux, n'en in-
dique-t-il pas l'origine? Tout le monde est d'accord
pour reconnaître que le terme *gueules*, qui exprime
la couleur rouge, *azur*, qui exprime la couleur bleue,
viennent de ce qu'en persan et en arabe, la rose
rouge se nomme *gul*, dont les peuples de l'Asie ont
fait le nom propre Gulistan, et le bleu *lazurd*. Il en
est de même de *sinople* (vert), qui vient de ce que la
ville de Sinople, en Asie-Mineure, portait des éten-
dards de cette couleur, ou bien plutôt de ce qu'on
recueillait, dans les environs de Sinople, un bol vert.
(Voyez *Dictionnaire de Lamartinière*, tome VII.) Il

est d'ailleurs évident qu'avant les expéditions de la Terre-Sainte, les armes des chevaliers, que les hérauts criaient à son de trompe, n'étaient point des armes héréditaires. Chaque combattant tenait, durant le temps de la joûte, sa visière baissée, tant pour éviter d'être blessé au visage qu'afin de n'être point reconnu. Or, on conçoit que les hérauts commençant par crier les armes des seigneurs qui devaient garder l'incognito, ceux-ci auraient tout aussi bien pu faire crier leur nom que des armes héréditaires. Nous ne voyons pas, d'ailleurs, que l'usage d'attacher à un poteau, à l'entrée de la lice, les armes du poursuivant, soit antérieur aux Croisades. Le code des Tournois, rédigé en 938 à Magdebourg, par l'empereur Henri l'Oiseleur, ne fait aucune mention d'armoiries. Mais, dira-t-on, pour tenir un Pas-d'armes, il fallait être noble, et conséquemment avoir des armoiries. Encore une fois, les armes ne sont point inhérentes à la noblesse, ou du moins n'étaient pas, à cette époque, inhérentes à la noblesse, ne constituaient pas la noblesse, qui avait pour se vérifier beaucoup d'autres moyens que ceux du blason régulier. Enfin, Ménestrier, savant et judicieux écrivain, dit en un endroit de sa *Méthode du blason* : « Bientôt ceux mêmes qui n'avaient pas été du voyage en Palestine, se montrèrent jaloux de cette distinction. Chaque seigneur, chaque gentilhomme voulut aussi avoir un emblême distinctif. On n'eût osé se présenter à un Pas-d'armes si l'on n'eût eu sur son armure et sur le caparaçon de son cheval une devise en broderie. » (Devise est ici pour armoirie). Ce qui prouve cependant que si les tournois ne donnèrent pas naissance aux armoiries régulières, ils contribuèrent du moins à en propager l'usage. L'auteur que je viens de citer est de cet avis; il fait remarquer, d'ailleurs, qu'une grande partie des pièces qui meublent les écus tirent leur origine des tournois, comme les *pals*, qui représentent les palissades placées autour de la lice pour en fermer l'entrée.

Convenons donc qu'avant 1095, époque où Philippe-~~Auguste~~ entreprit la première croisade, les armoiries régulières n'étaient pas connues, et que ces signes ou figures que les chevaliers portaient sur leurs écus, n'étaient autre chose que des emblêmes. Je conviendrai alors volontiers moi-même que, sous ce point de vue, les emblêmes sont d'une haute antiquité. Rome portait pour symbole un aigle, Athènes un hibou, et l'on vit des familles conserver héréditairement les marques adoptées par leur chef, mais sans y être tenues en aucune façon. L'histoire romaine nous en fournit trois exemples : les Corvini qui portaient un corbeau, les Torquati un collier, les Cincinnati une touffe de cheveux. Les villes mêmes de l'Antiquité adoptèrent souvent des emblêmes parlants, comme témoignent les monnaies de ces cités qui sont parvenues jusqu'à nous. Leontium portait un lion sur le revers de ses monnaies; Clydes, une clef.

Ces emblêmes distinctifs formaient en réalité le corps d'une devise, et étaient presque toujours accompagnés de quelques mots qui en composaient l'âme et en complétaient le sens. Aussi Xénophon et un grand nombre d'auteurs grecs nous ont-ils conservé les devises de Cyrus, de Darius, de Cambyse, de Xercès, d'Arsace; il ressort de là que ce que certains hérauts ont confondu avec des armoiries n'était autre chose que des devises parfaites; que ces symboles datent d'une très haute antiquité, et qu'ils étaient en faveur bien long-temps avant l'établissement des premières armoiries régulières. Disons ici quelques mots de l'origine et du but du cri de guerre et des devises, aux temps modernes.

Le cri de guerre, *bellicus clamor*, ou *signum militare*, selon Robert le Moine, pris au propre, date du premier combat que les hommes se livrèrent, car ce cri n'est autre chose que la clameur poussée par les guerriers au moment d'entamer l'action. Il ne faut pas le confondre avec le cri d'armes (*proclamatio armorum*), qui n'était autre que la publication du ban. Tacite avoue que le cri de guerre des Barbares faisait tressaillir les Romains les plus courageux. Les Germains, dit-il, poussaient ce cri en approchant de leurs lèvres le bord de leurs boucliers. Outre ce cri, ils entonnaient encore, au moment d'engager le combat, un cantique appelé le *Bardit*, et ils auguraient du succès de leurs armes selon le plus ou moins de vigueur de leur chant. Voici le texte de Tacite : « Les Germains disent avoir eu aussi parmi eux un Hercule, et de tous leurs héros, c'est le premier qu'ils célèbrent en allant au combat. Ils ont aussi de ces chansons de guerre qu'ils entonnent avec cette sorte de cri qui se nomme *Bardit*. Ils s'en servent pour exalter leur courage, et à leur chant seul ils augurent du succès qu'aura la bataille. Ils sont intrépides ou intimidés suivant que leur cri de guerre a été plus ou moins bruyant. Et, dans ce cri, il leur semble entendre l'accent même de la valeur; ils s'attachent surtout à produire des sons rudes et un bruit rauque, ayant soin de mettre leurs boucliers devant leur bouche, afin que leur voix rejaillisse en échos plus terribles et plus retentissants. »

Le cri de guerre, tel que nous l'entendons de nos jours, est un monument de la féodalité, et a dû précéder de beaucoup l'usage des écussons réguliers. Il se rattache d'ailleurs intimement à l'institution primitive de la noblesse. Les feudataires, contraints par la condition même de leur vasselage, non-seulement de suivre le roi à la guerre, mais encore de lui fournir un certain nombre d'hommes dont ils avaient le commandement sous le roi ou le général en chef, sentirent la nécessité d'avoir un cri de guerre personnel et indépendant de celui du commandant en chef. Aussi l'usage de crier s'éteignit-il sous Charles VII, lorsque ce prince établit, sous des formes régulières, les compagnies d'ordonnance, et dispensa la noblesse de l'obligation de se rendre en personne à l'armée. Tout seigneur, possesseur d'une terre inféodée et conduisant sous ses drapeaux trois, quatre ou cinq hommes, ne pouvait cependant adopter un cri. Les châtelains et les bannerets avaient

seuls ce droit, qui résultait de celui de porter bannière. De là vient que nous trouvons fréquemment
dans les écrivains du moyen-âge l'expression : *crier
bannière*. On lit :

> « Et oissiez crier Montjoie,
> Que la bataille ne remaigne
> Saint-Pol, Ponti, Drues et Champaigne,
> Melun, Bourgogne, Ferrières,
> Et aultres diverses bannières. »

GUILLAUME GUYART.

Tous les fils d'un châtelain ou d'un chevalier banneret n'avaient pas non plus le droit de faire crier ;
car il résulte des coutumes des diverses provinces,
que l'aîné possédant seul le fief, était seul tenu de
conduire ses vassaux à la guerre, et seul conséquemment pouvait crier bannière; mais les puînés des
maisons illustres conservaient néanmoins le cri de
leur aîné, qu'ils ajoutaient à leurs armes, soit avec,
soit à la place de la devise, afin d'indiquer plus posi-
tivement encore le sang dont ils étaient issus. Cet
usage se retrouve surtout en Flandre, en Artois et
dans les provinces du Nord de la France. Les cris
servaient dans diverses circonstances : tantôt c'était
dans le but de rallier les soldats qui fuyaient et de les
réunir de nouveau autour de la personne de leur
chef, tantôt lorsque ce chef lui-même se trouvait en

danger, il criait son cri pour appeler au secours. Raymond d'Agiles dit quelque part : « *Tandem excla-* » *mavimus signum solitum in necessitatibus nostris :* » *Deus adjuva! Deus adjuva!* »— « Enfin nous criâmes le cri usité dans les cas pressants : Dieu aide! Dieu aide! » Et nous voyons dans la chronique manuscrite de Bertrand Duguesclin : « *L'Enseigne va criant pour avoir du secours.* »

Le cri devint aussi quelquefois une ruse, et l'on entendit une troupe en danger crier le cri des enne- mis, et échapper ainsi au péril qui la menaçait. Nous en lisons un exemple dans l'histoire des Albigeois : *Fugientes hostes præ timore mortis exclamabant for- titer : Monsfortis! Monsfortis! ut sic se fingerent esse de nostris et de manibus persequentium evaderunt arte tali.* — « Les ennemis, qui fuyaient par crainte » de la mort, se mirent à crier à haute voix : Mont- » fort! Montfort! feignant ainsi d'être des nôtres, et » échappèrent par cette ruse aux mains de ceux qui » les poursuivaient. » On s'en servait encore dans le dessein d'effrayer les ennemis et de leur donner lieu de croire que l'armée était beaucoup plus considérable qu'elle ne l'était en réalité. Dans le combat de Pont- à-Commiers, livré en 1382, le maréchal de Sancerre, s'adressant à la troupe qu'il commandait, lui dit : « Tenons-nous ici tous ensemble et attendons tant qu'il soit le jour et que nous voyions devant nous les Flamands, et quand ils viendront nous crierons nos cris tous d'une voix, chacun son cri, ou le cri de son seigneur à qui il est. Jaçoit que tous les seigneurs ne soient pas ici. Par cette voix et ces cris nous les ébahirons, et puis frapperons en eux de grande volonté. »

Outre le cri particulier à chaque seigneur, il y avait celui du commandant. Quand le roi était à l'armée, quel que fût le général, on criait : « *Montjoie Saint-Denis !* » Le cri du banneret ne pouvait être proféré que lorsque son possesseur était en personne sous les drapeaux.

Il était encore d'usage de crier le cri dans les joûtes, après avoir blasonné l'écu, et au nombre des ordonnances des Tournois, dressées par René d'Anjou, nous trouvons celle-ci : « Et adonc, crieront ceux qui porteront les bannières, avec les serviteurs à pied et à cheval, les cris, chacun de leur maître tournoyant, puis les deux batailles se assembleront. »

Le cri de guerre jouait encore un grand rôle parmi les droits des seigneurs. Ainsi, lorsque le vassal rendait hommage à son suzerain, ce dernier faisait arborer sa bannière sur les murs du château de son vassal, et ordonnait en même temps qu'on criât son cri. Seigues, veuve du comte d'Estrac, vit la bannière de Raymond, comte de Toulouse, flotter sur les tours de sa demeure, et entendit le viguier du comte crier : *Toulouse !*

S'appuyant sur ce que, dans les historiens du moyen-âge, on retrouve souvent le mot cri pour exprimer le mot d'ordre, quelques-uns ont cru que le mot d'ordre avait dû remplacer le cri, ce qui est une grave erreur : le mot d'ordre a de tous temps changé le jour et la nuit; ainsi Boutheillier, parlant des priviléges des connétables, dit : « *Item*, à la charge de demander au roi toutes les nuits le cri de la nuit et de le faire savoir aux maréchaux, les maréchaux de le faire savoir aux capitaines de gens d'armes. »

Après avoir examiné quelles étaient les personnes qui avaient le droit d'user du cri de guerre, et dans quelles circonstances on avait coutume de s'en servir, il me reste naturellement à faire quelques observations sur les divers motifs qui engagèrent certains seigneurs à adopter de préférence un cri plutôt qu'un autre; car le hasard ne présidait pas seul à ce choix.

Le plus souvent les seigneurs crièrent tout simplement leur nom : les Mailly, Mailly! les Damas, Damas! les Gaucourt, Gaucourt! Les Picards, cependant, ne comprennent point l'orgueil de cette pensée, puisqu'un dicton assez répandu dans la province s'exprime ainsi :

« Rembures, Rubempré, Renty,
» Belles armes et piteux cry. »

Il arrivait alors fréquemment que, bien que ces familles se fussent divisées en diverses branches, et que plusieurs d'entre elles eussent acquis des terres et des domaines considérables et en eussent pris le nom, elles conservaient néanmoins leur nom originaire pour cri de guerre. Les rois de Navarre criaient : *Bigorre ! Bigorre !* Les comtes de Derby : *Lancastre au comte Derby !* D'autres, au contraire, et ceci se remarquera principalement parmi les princes souverains, criaient le nom de leur plus riche domaine, de leur fief le plus important. Les ducs de Bretagne : *Saint-Malo au noble duc !* Les ducs d'Anjou : *Vallie ! Vallie !* et non *Rallie ! Rallie !* comme ont cru quelques écrivains. Rennerûs, parlant du comte de Loz, dit : « *Clamans tertio titulum sui comitatûs, scilicet Loz, audacter hostium cuneos penetravit.* » — « Et criant par trois fois le titre de son comté, c'est-à-dire *Loz*, il enfonça courageusement les bataillons ennemis. »

Quelquefois encore le cri de certaines familles faisait allusion, soit à leurs armes, soit à l'une des pièces qui les meublaient. Les comtes de Flandres, qui portaient : d'or au lion de sable armé et lampassé de gueules, criaient : *Flandres au lion !* Fiers de quelque dicton de leur province qui exaltait telle ou telle de leurs vertus, ceux-ci le criaient : *Bousies ! Bousies au bon fiz !* tandis que ceux-là conservaient avec un religieux respect le cri qui devait servir à transmettre le souvenir d'une action d'éclat. Clermont-Montoison crie : *A la rescousse, Montoison !*

Quant aux souverains, ils adoptèrent en général, soit le nom du patron de leurs États, comme les rois de France, qui criaient : *Montjoie Saint-Denis !* Les rois d'Angleterre : *Saint-Georges !* Les rois de Castille : *Saint-Jacques !* soit le nom de leur capitale, comme Ottocar, roi de Bohême : *Prague ! Prague !* Enfin les provinces criaient volontiers le nom de leur ville principale, les Normands : *Rouen !* et les Gascons : *Bordeaux !*

Passons maintenant aux devises.

Ainsi que je l'ai dit plus haut, l'usage de peindre sur les boucliers des sentences appropriées au caractère ou à la passion dominante de celui qui les inventait ou les choisissait, remonte à la plus haute antiquité ; aussi le français ancien confondait-il souvent dans un même terme la devise et l'écu. On alla même plus loin et l'on prit le mot devise pour armoirie, le mot deviser pour blasonner. Fauchet nous en fournit une preuve, lorsqu'au livre I, page 91, de l'*Origine des chevaliers*, il dit : « Et je croirai bien que depuis que lesdits ducs virent les armoiries de France arrêtées, afin de montrer qu'ils étaient du sang royal, qu'ils écartelèrent de France leurs premières devises qui étaient : de bulles ou bandes d'or de six pièces à la bordure componée d'argent et de gueules ; » et ce passage plus explicite encore : « Cette coutume donc de laisser par delà les écus, volontiers fut cause de retenir et rendre familières à ceux qui voulaient entretenir la réputation de leurs ancêtres, de porter les mêmes devises ou blasons. » Alain Chartier, dans son poème intitulé : *La Dame sans Mercy*, s'exprime ainsi pour peindre le désespoir d'un chevalier : « le noir portait et sans devise, » voulant dire que son écu était de sable, sans être partagé par aucune pièce héraldique. Devise, dans cette dernière acception, vient de *dividere*, et dans son sens propre, de l'italien *diviso*, pensée.

Insensiblement l'usage s'établit d'annexer la devise de son père aux armoiries qu'on avait reçues de lui, et de transmettre le tout à ses enfants. La devise exprimait en général une vertu, et l'on imposait ainsi à ses descendants l'obligation de la pratiquer en leur rappelant sans cesse que la noblesse n'est, selon l'expression de Cicéron, autre chose qu'une vertu connue. Les uns adoptèrent un mot, une sentence qui perpétuait le souvenir d'un haut fait d'armes, d'un service rendu au roi ou au pays ; les autres une maxime tirée des Écritures.

A ces devises qu'ils avaient reçues de leurs pères, ceux-ci en ajoutèrent une personnelle, ceux-là en reçurent une du prince, en récompense d'une fidélité éprouvée par de longs services ou par une action d'éclat. Une devise décèle en quelque sorte l'âme de celui qui l'a choisie : qui marque sa piété, qui son amour pour son roi, qui, par une sentence amoureuse, exalte les attraits de sa maîtresse. Aussi un Italien célèbre regarde-t-il les devises comme le langage des héros (*linguagio degli eroi*), ou bien encore comme la philosophie des gentilshommes (*una filosofia dei cavalieri*).

Il en est cependant qui ne furent mus par aucun de ces sentiments dans le choix qu'ils firent de leur devise; une consonnance agréable ou curieuse suffit souvent à la leur faire adopter. D'autres fois aussi ils trouvèrent moyen d'introduire leur nom dans la composition d'une sentence ou d'une maxime.

La famille Bon de Lignim porte : d'argent à la tour crénelée d'azur de trois pièces, ouverte et ajourée du champ, maçonnée de sable et surmontée de trois têtes de léopards du même posées une et deux, avec les mots : *Semper et ubique bonus.*

Ce genre de devises devint surtout à la mode sous le règne de Charles **VII**, qui fut aussi celui des rébus et des jeux de mots, ainsi que je l'ai fait remarquer dans l'ouvrage intitulé : *Chinon et Agnès Sorel*, où j'en donne quelques exemples. Il arrivait encore assez fréquemment que les devises se rapportaient à l'écu qu'elles accompagnaient. Celles-ci étaient en même temps les plus ingénieuses et les plus régulières.

Je dis les plus régulières, car si l'usage a introduit dans la composition des armoiries certaines lois auxquelles on ne saurait se soustraire, les devises, elles aussi, sont soumises à certaines règles que le bon goût impose et dont on ne doit conséquemment pas s'écarter. Voici quelques-unes de ces règles.

Les devises sont réellement des métaphores qui représentent aux yeux ce qu'une figure de rhétorique représente à l'esprit. Aussi, pour être complète, une devise doit-elle se composer de deux choses, le corps et l'âme. Le corps est l'objet qui forme le rapport, le point de comparaison ; l'âme est le mot ou la sentence qui l'explique. Devise sans corps, devise nulle ; devise sans âme, devise nulle. De plus, comme il faut, pour qu'une comparaison soit juste, que le point de comparaison soit plus grand que l'objet comparé, dans les devises, qui ne sont autre chose qu'une comparaison d'un homme et de ses passions à un autre être et à ses passions, le bon sens veut que le corps de la devise soit plus grand et plus noble que l'homme, ou bien que les passions qui meuvent cet être soient plus vigoureusement, plus nettement prononcées chez lui que chez l'homme.

Comparez la douceur de la femme à celle de la colombe, *sicut columba mitis* ; le courage et la fierté du soldat à la fierté du lion, *sicut leo furens*. La devise est un symbole ; elle doit présenter aux yeux et à l'imagination un sens abstrait, mais non un sens obscur. On s'abstiendra donc de choisir pour corps soit un être monstrueux, soit des objets qui n'ont aucun rapport entre eux ; car ces objets étant de convention, chacun serait en droit de les interpréter à sa façon.

Le corps d'une devise ne doit pas se composer d'un homme, car on ne saurait comparer une chose avec elle-même. Le père Bouhours, du reste fort instruit sur l'art des devises, prétend rejeter aussi les dieux du paganisme ; mais il est, selon moi, dans l'erreur, car les divinités, chez les anciens, n'étaient que la personnification de certaines vertus ou de certains vices : et dès lors, emblèmes eux-mêmes, pourquoi ces dieux ne pourraient-ils concourir à former un autre emblême, pourvu qu'on ait soin de ne leur faire représenter que la passion ou le sentiment dont ils étaient le symbole.

La règle veut encore que l'âme de la devise forme avec son corps un sens complet et ressortant tellement de lui, qu'on ne puisse séparer l'un de l'autre sans en rendre le sens complètement inintelligible; exemple : un serpent qui se mord la queue : *ad me redeo*. Traduisez ces trois mots en retranchant le corps auquel ils se rapportent, et *je reviens à moi*, n'a plus de signification.

Lorsque les devises sont purement personnelles, il faut éviter qu'elles présentent à l'esprit un sens faux ou ambigu; aussi remarque-t-on plaisamment que Marguerite de Valois, prenant pour devise un tournesol avec ces mots de Virgile : *Non inferiora secutus*, se rend coupable d'un solécisme.

En général, les familles ou les particuliers qui ont ajouté des sentences à leurs armes, les ont tirées du latin, et cela pour trois motifs : En premier lieu, à cause de la concision de cette langue, qui facilite l'expression en un petit nombre de mots, des pensées les plus complexes; en second lieu, parce que les Écritures, dont la traduction en latin est si familière aux catholiques, et les auteurs latins eux-mêmes fournissent un choix varié de sentences, de maximes religieuses, guerrières, amoureuses; enfin, parce que la langue latine étant la plus généralement répandue, au moins parmi les savants, à l'époque du moyen-âge, les familles ont préféré un langage qui les faisait comprendre partout, à des mots vides de sens pour tout autre qu'un compatriote. Aussi la plupart des devises en français ne remontent-elles guères au delà du xve siècle.

Quelques-unes des plus illustres maisons de France portaient des devises italiennes, prises lors de la conquête du royaume de Naples par Charles VIII, ou pendant la guerre du Milanais, sous François Ier, ce qui autorise à penser que les devises en italien ne sont point, pour la majeure partie, antérieures à la seconde moitié du xve siècle.

Les grandes familles d'Angleterre adoptent volontiers la langue française, pour marquer leur extraction des familles originaires du continent, antérieurement à la conquête de Guillaume-le-Bâtard.

Quant aux Espagnols, ils placent leur devise dans l'écu, inscrite sur une bordure qui se blasonne comme meuble. Les villes insèrent également leur devise dans le corps de l'écu, en la faisant tenir soit sur le feuillet d'un livre, comme Venise, soit entre les pattes d'un lion, d'un aigle, ou de tout autre animal.

Outre ces devises, que l'on conservait avec soin, il y en avait d'autres qu'on adoptait pour une circonstance quelconque, comme les tournois, les fêtes au xviie siècle. Celles-ci étaient souvent en espagnol, à cause du brillant et du sonore de cette langue. Dans les xvie et xviie siècles, la coutume se répandit de composer des devises pour toutes les fêtes et cérémonies religieuses ou civiles. Au mariage des rois, on en gravait sur le piédestal des statues qui ornaient les jardins, représentant la vertu, l'hymen, le bonheur, la sagesse, la libéralité, et sur le fronton des arcs de triomphe ou des colonnades. Vulson de la Colombière en rapporte de nombreux exemples dans son Théâtre d'Honneur qu'on pourra consulter à ce sujet, surtout l'article intitulé : *Le magnifique et admirable carrosel* qui fut fait à Paris dans la place Royale, le cinq, le six et le septième jour d'avril, l'an mil six cent et douze, pour les réjouissances de la double alliance, pour les mariages du roi Louis XIII et de madame sa sœur, etc., etc.

Il était aussi d'usage, lorsqu'un roi, un prince, ou même un grand seigneur mourait, d'exposer autour de l'église, soit la devise que lui-même avait portée pendant sa vie, soit des sentences qu'on se plaisait à composer en son honneur. Aux funérailles de Cosme de Médicis, on voyait la mort appuyée sur sa faulx, et le désespoir peint dans toute son attitude ; au-dessous ces mots : *Quid egi ? vivit, vivetque semper !* Aux obsèques de l'empereur Mathias, on écrivit sa propre devise : *Concordi lumine major.*

Lorsque ces sentences étaient de pure invention, on avait soin que chacune d'elles exprimât une des vertus du défunt ou rappelât une des actions de sa vie. Il y avait là une haute pensée morale et guerrière : Soldat qui meurt, héros qui naît !

En Angleterre, il était d'usage, lorsqu'un chef de

famille mourait, que les volets de ses fenêtres res-
tassent fermés pendant une année entière. Au-dessus
de la porte d'entrée on exposait les armes de la famille recouvertes d'un crêpe noir, et on substituait à
la devise ordinaire une devise de circonstance tirée
en général des Écritures, comme celles-ci : *Resur-
gam !* ou : *Ubi, mors, stimulus tuus ?*

Dans cette dernière contrée, les devises jouent un
rôle beaucoup plus important que chez nous. Les familles anglaises en portent toutes une qui fait en
quelque sorte partie des armoiries, tandis qu'il est
peu de maisons françaises qui aient conservé la leur
sans lui faire subir de changement. Aussi ne
trouve-t-on qu'un nombre fort restreint de devises
dans les armoriaux faits sur les grandes familles
de notre pays. Il n'en est pas de même en Angleterre ou dans les Pays-Bas. Les Espagnols ont
peu de devises, du moins de devises héréditaires.

Lorsque l'usage des devises se répandit, tout sui-
vit l'impulsion : l'on vit chaque province, chaque
ville, chaque corporation adopter une sentence quelconque. Les corps savants, comme les académies,
par exemple, s'en composèrent une ; les parlements
et cours de justice, les régiments, les ordres religieux, civils ou militaires, les chapitres nobles, sui-
virent l'exemple qui leur était tracé.

Ainsi la ville de Tours portait : de sable à trois
tours couvertes d'argent pavillonnées de gueules gi-
rouettées du même, au chef cousu de France, avec

la devise : *Sustinent lilia turres*, par allusion aux meubles de l'écu.

Enfin les libraires et imprimeurs des xv et xvi° siècles, estampillèrent les ouvrages sortis de leurs presses d'une certaine marque à laquelle ils joignaient une devise quelconque. Maurice de la Porte avait adopté pour estampille un pauvre couvert de haillons, sortant d'une ville en feu, avec les mots : *Mecum porto omnia mea.*

Mais il est temps de s'arrêter : si vaste est le champ que nous parcourons, qu'il fournira sans doute carrière à de meilleurs, sinon à de plus consciencieux travaux que ceux-ci ; ce sera toujours pour moi une bonne fortune que de leur avoir ouvert la voie, et je les y suivrai avec joie.

Le comte de C....

CRIS DE GUERRE

ET

DEVISES.

ROYAUMES.

ANGLETERRE. — *Voyez* GRANDE-BRETAGNE.

ARABIE. — Le calife Motaded : La nécessité exclut tout choix et toute liberté.

ARMÉNIE. — Arménie au noble roy.

AUTRICHE (Empire d'). — *A dextre et à senestre !* — *Hongrie ! — Notre-Dame à la Rescousse !* = L'empereur Othon : *Rome !* = Maximilien : A. E. I. O. U. (Austriacorum Est Imperare Orbi Universo ! *ou* Aquila Electa Jovis Omnia Vincit.) — Chacun son temps. = Mathias : Amat victoria curam. — Concordi lumine major. = Henri V : Mortem optare malum ; timore pejus. = Marguerite d'Autriche : Fortuna infortunat fortiter unam.

BAVIÈRE. — Gerecht unt beharrlich. = Marguerite de Bavière : Lacessitus.

BELGIQUE. — Les comtes de Flandres : *Flandres au lion !* = Les comtes de Haynaut : *Notre-Dame Haynaut ! — Haynaut au noble comte ! — Haynaut ! Haynaut !* = Les ducs de Brabant : *Louvain au riche duc ! — Limbourg à celui qui l'a conquis. — Louvain ! Louvain ! — Limbourg ! Limbourg !* = Les Révoltés de Gand : *Gand ! Gand ! Les chaperons blancs ! Les chaperons blancs !* = Guillaume comte d'Ostrevant : Evertit et æquat. = Le royaume de Belgique actuel : L'Union fait la force.

BOHÊME. — *Christus ! Christus ! — Prague ! Prague !*

BRUNSWICK - WOLFENBUTTEL. — Nunquam retrorsùm.

CLÈVES. — Eberhardt de Wurtemberg : Benevolentia bonissima guardia.

DANEMARK. — Dominus mihi adjutor.

DEUX-SICILES. — Malo mori quam fœdari. = René d'Anjou : *Montjoie d'Anjou !* — Pas à pas. = René d'Anjou : Devot luy suis. — Arco per lentare piaga non sana. — D'ardent désir. = Ladislas : Aut Cœsar aut nihil.

ESPAGNE. — *Santiago !* ou *San Iago !* = Charles-Quint : Nec plus ultrà. = Philippe Ier : Quis vult?

= Philippe II : Ut quiescat Atlas *ou* Dominus mihi adjutor. = Philippe III : Et patri et patriæ.

ÉTATS DE L'ÉGLISE. — *Notre-Dame Saint Pierre!* — *Saint Pierre!* = Clément VIII : Regardez-nous, ô Dieu, notre protecteur! *ou* Si mei non fuerint dominati, tum immaculatus essem. = Grégoire XVI : Delubra ad summa. = Martin IV : Portio mea sit in terra viventium. = Paul IV : Dominus mihi adjutor. = Sixte-Quint : De ventre matris meæ, tu es Deus protector meus! = Urbain VIII : Sponte favos, ægre spicula.

FRANCE. — *Montjoie Saint Denys!* — Non laborant neque nent. = Louis IX : Hors cest anel point n'ay d'amour. = Charles V : Rectè et fortiter. = Charles VI : Hoc Cœsar me donavit. = Louis XI : Ultus avos trojæ. = Anne de Bretagne : Potius mori quam fœdari. = Louis XII : Immensi tremor Oceani. — Cominùs et eminùs. = François Ier : Nutrisco et extinguo. = Claude de France : Candidâ candidis. = Henri II : Plena est æmula solis. — Donec totum impleat orbem. = François II : Sic spectanda fides. — Lumen rectis. — Unus non sufficit orbis. = Henri III : Pietate et justitia. = Charles IX : Manet ultima cœlo. = Louise de Vaudémont : Aspice, ut aspiciar. = Henri IV : Invia virtuti nulla est via. — Vide et fide. — Undique tutus. = Louis XIV : Nec pluribus impar.

GRANDE-BRETAGNE. — *Montjoie Notre-Dame Saint-George!* — Dieu et mon droit. = Le prince de Galles : Ich Dien. = Edouard Ier : Hinc fortius ibo.

= Henry VII : Non dormit, qui custodit. — Rutilans rosa sine spina. — Ecosse. — *Hellicourt en Ponthieu!* — In defens. — Pro lege et pro grege! — Dulce meum terra tegit. — Irlande. — Erin go brah!

Hanovre. — Suscipere et finire.

Liechtenstein. — Fidelitate et labore.

Lucques. — Deus et dies.

Mantoue. — Fides. = Charles de Gonzague : Piu oltre. = Louis le Rodomont : Qui vivens cœdit, morte meditur. = Hercule de Gonzague : Lacessitus. = Julie de Gonzague : Non moritura.

Milan. — *Milan au vaillant duc! — Pavie au seigneur de Milan!* = Valentine de Milan : Plus ne m'est rien, rien ne m'est plus! = François Sforce : Quietum nemo impune lacessit. = Brivio Sforce : Obluctatus validiùs.

Montferrat. — Undique frustra.

Navarre. — *Bigorre! Bigorre! — Bourbon Notre Dame! — Notre Dame! Notre Dame! — Bourbon! Bourbon! — Espérance!* = Charles de Bourbon : Requies hæc certa laborum. = Charles II, cardinal de Bourbon : Folium ejus non defluit *ou* N'espoir ni peur. = Charles III, cardinal de Bourbon : Superat candore et odore *ou* Gloria immortalis. = Louis, cardinal de Vendôme : Melior fortuna notabit. = Jean Ier : Sub sole, sub umbra virem. = Jean II : Par obitus. = Henri Ier : Quo fata trahunt.

= Henri II : Te nunquam timui. = Marie, duchesse de Montpensier : In manibus tuis sortes meæ. = Éléonore, abbesse de Fontevrault : I. H. S. *et* M. A. Spes mea a juventute mea.

OLDENBOURG. — Ein Gott, ein Recht, eine Wahreit.

PAYS-BAS. — Les Provinces-Unies : Concordia res parvæ crescunt *ou* EEndracht maakt mact. = Les princes d'Orange et le royaume actuel de Hollande : Je maintiendrai ! = La province de Zélande : Luctor et emergo. = Guillaume de Nassau : Audaces fortuna juvat *ou* Mediis tranquillus in undis. = Maurice de Nassau : Pro lege, grege et rege *ou* Bonæ spei *ou* Tandem fit surculus arbor.

PORTUGAL. In hoc signo vinces.

REUSS. — Ich bau auf Gott.

SAN-MARINO. — Libertas !

SAVOIE. — *Savoye ! Savoye !* — *Saint Maurice !* — *Bonnes nouvelles !* — Fert ! Fert ! Fert ! — (Fortitudo Ejus Rhodum Tenuit.). = Philippe de Savoie : Paratior. = Charles Ier : Non tamen inde minus = Chrétien de France : Plus de fermeté que d'éclat. = Humbert : J. D. D. (Jussi Domini Dei.)

SAXE. — *Saint Pierre !* = Auguste de Saxe : Bona causa tandem triumphat. = Chrétien de Saxe : Fide sed vide.

SUÈDE ET NORWÉGE. — Droit et vérité.

TOSCANE. — Cosme de Médicis : Animi conscientia

et fiducia fati. — Semper. — Festina lente. — .
Ουδε μοι, αλλα κοσμω. = Jean de Médicis : E che :
non puote amore ? = Pierre : In veridi tenebras ;
exurit flamma medullas. = Marie de Médicis : :
Solem sola sequor. = Catherine de Médicis : Ar- .
dorem extincta testatur vivere flamma.

TURQUIE. — *Allah ! Allah !* = Bajazet : *Alach tan-* .
cry, rasul Mahometh !

VAUD (Canton de). — Liberté et patrie.

VENISE. — Pax tibi Marce evangelista meus. — Sub
umbra alarum tuarum.

WURTEMBERG. — Furchtlos und treu. = Eberard
de Wurtemberg : Gloire à Dieu ! Guerre au
monde !

PROVINCES DE FRANCE.

GRANDS FIEFS.

ANJOU. — *Vallie! Vallie! — Montjoie Anjou!*

ARTOIS. — *Montjoie au blanc épervier!*

AUVERGNE. — *Clermont au dauphin d'Auvergne!* = Maison de la Tour-d'Auvergne. — *La Tour!*

AUXERRE. — *Nostre-Dame d'Auxerre!*

BAR. — *Bar au riche duc! — Au feu! Au feu!*

BERRY (Jean, duc de). — Orsine le temps viendra.

BOURGOGNE. — *Chastillon au noble Duc! — Montjoie Notre-Dame Bourgogne! — Bourgogne! Bourgogne!*

BRETAGNE. — *Saint Yves! Saint Malo! — A ma vie!*

CHAMPAGNE. — *Passavant li meillor!* = Thibaut, comte de Champagne. — *Passavant là Thiébaud!*

FLANDRES. — *Arras!*

NORMANDIE. — *Diex aïe, Dame Diex aïe! — Rouen! Rouen!*

VILLES DE FRANCE.

ABBEVILLE. — Fidelis.

AGEN. — Nisi Dominus custodierit.

ALBY. — Stat baculus, vigilatque leo, turresque tuetur.

AMIENS. — Liliis tenaci vimine jungor.

ARLES. — Alma leonis uri Arelatensis hostibus est nisi. — Ab ira leonis.

AVIGNON. — Unguibus et rostro.

BEAUVAIS. — Palas ut hic fixus, constans et firma manebo.

BESANÇON. — Plût à Dieu ! — Deo et Cœsari fidelis perpetuò.

BOULE-TERRANERA. — Bulla Terranera.

BOULOU. — La villa del Volo.

BOURBON-VENDÉE. — v prairial an XII.

BOURGES. — Summa imperii penes Bituriges.

CHARLEVILLE. — Solus dedit, solus protegit.

COULOMMIERS. — Prudentes ut serpentes, dulces ut columbæ.

Dijon. — Moult me tarde.

Douay. — *Douay !*

Doullens. — Infinita decus lilia mihi præstant.

La Réole. — Urbs Regula ducatus Aquitaniæ.

La Rochelle. — Servabor rectore Deo.

Lyon. — Ung Dieu, ung roy, une loy.

Mées. — De rosis ad lilia.

Montbrison. — Ad expiandum hostile scelus.

Montpellier. — A. M. (Ave Maria).

Morlaix. — S'ils te mordent, mors-les.

Nancy. — Non inultus premor.

Nantes. — In te sperant Domine oculi omnium.

Nismes. — Col. Nem. (Colonia Nemausensis).

Paris. — Fluctuat nec mergitur.

Pesilla. — Pesilla.

Reims. — Dieu en soit garde.

Rodez. — Fidelis Deo et regi.

Saint-Denis. — Montjoie Saint Denys.

Sarrebourg. — Urbs Sarraburgiensis cum ipsis hostem repulit et repellit.

Sarrelouis. — Dissipat atque fovet.

Sédan. — Undique robur.

Tours. — Sustinent lilia turres.

Vertus. — Virtus prœstat, vivit post funera virtus.

Vienne. (Dauphiné) — Vienna civitas sancta.

ORDRES CIVILS ET MILITAIRES.

ADORATION DE LA CROIX (Ordre de l'). — Salus et gloria.

AIGLE-BLANC de Pologne (Ordre de l'). — Pro fide, lege et rege.

AIGLE-NOIR de Prusse (Ord. de l'). — Fredericus rex. Sur le collier : — Suum cuique.

AILE DE SAINT-MICHEL de Portugal (Ordre de l'). — Quis ut Deus?

AMARANTHE de Suède (Ordre de l'). — Dolce nella memoria.

AMOUR DU PROCHAIN (Ordre de l'). — Amor proximi.

ANNONCIADE de Savoie (Ordre de l'). — Fortitudo ejus Rhodum tenuit.

BAIN (Ordre du). — Tria juncta in uno.

BAREITH du margraviat de Bareith (Ordre de). — Toujours les mêmes.

CHARDON ou de SAINT-ANDRÉ (Ordre du). — Nemo me impunè lacessit. — In defens.

CHARITÉ-CHRÉTIENNE (Ordre de la). — Pour avoir bien servi.

Concorde (Ordre de la). — Concordant.

Croix de Bourgogne (Ordre de la). — Barbaria.

Dames de la Croix (Ordre des). — Salus et gloria.

Dames de la Croix Étoilée (Ordre des). — Fortitudo.

Dames de la Vertu (Ord. des). — Sola triumphat ubique.

Danebrog en Danemark (Ord. milit. de). — G. S. — W. C. — C. V. Restitutor.

Écu d'Or (Ordre de l'). — Allen.

Épée de Chypre (Ord. de l'). — Securitas regni.

Étoile (Ordre de l'). — Monstrant regibus astra viam.

Fidélité (Ord. de la). — In felicissimæ unionis memoriam.

Générosité (Ordre de la). — La Générosité.

Genest en France (Ord. du). — Deus exaltat humiles.

Hermine et l'Épi de Bretagne (Ord. de l'). — A ma vie.

Jarretière (Ord. de la). — Honni soit qui mal y pense.

Mérite Militaire (Ord. du). — Pro virtute bellica. Sur le rev. : — Ludovicus XV instituit.

Noble Passion (Ord. de la). — J'ayme l'honneur qui vient par la vertu. — Sur le rev. : Société de la Noble Passion instituée par J. G. D. D. S. W. 1704.

Notre-Dame du Chardon (Ord. de). — Allen.

Porc-Épic (Ord. du). — Cominùs et eminùs.

Précieux Sang de Mantoue (Ord. du). — Nihil isto triste recepto.

Saint-André de Russie (Ord. de). — Le Czar conservateur de toutes les Russies.

Sainte-Catherine de Russie (Ord. de). — Par l'amour et la fidélité envers la patrie.

Saint-Esprit au droit désir (Les Chevaliers du). — *Au droit désir!*

Saint-George (Ord. de). — Fid., just., et fort.

Saint-Hubert (Ord. de). — In fide sta firmiter.

Saint-Jacques de l'Épée en Espagne (Ord. de). — Rubet ensis sanguine Arabum.

Saint-Jean de Latran ou de l'Éperon à Rome (Ord. de). Præmium virtuti et pietati.

Saint-Lazare (Ord. de). — Atavis et armis.

Saint-Louis (Ord. de). — Ludovicus magnus instituit 1693. — Sur le rev. : — Bellicæ virtutis præmium.

Saint-Marc de Venise (Ord. de). — Pax tibi Marce evangelista meus.

Sainte-Marie-Madeleine. (Ordre) — Optimam partem elegit.

Saint-Maur (Ord. de). — Pax.

Saint-Patrice (Ord. de). — Quis separabit.

Tête-Morte (Ord. de la). — Memento mori.

Vierge (Ordre de la). — Sancta Maria. — In hoc signo vincam.

ABBAYES. — CHAPITRES NOBLES. — CONFRÉRIES.

***

ALIX (Chapitre d'). — Auspice Galliarum Patrone. — Sur le revers : Nobilis insignia voti.

BEAUME-LES-MESSIEURS (Chap. noble à Besançon). — Nobilis ecclesiæ Balmensis decus.

BRIOUDE (Chap. noble de). — Ecclesia comitum Lugduni. — Ludovicus decimus quintus instituit.

CITEAUX (Abbaye de). — Quia mecum solus certasti, mecum solus sedebis.

LYON (Chanoines, comtes de). — Prima fides Galliarum. — Sur le rev. : Ecclesia comitum Lugduni.

MINIMES (Ordre des). — Charitas.

NEUVILLE-EN-BRESSE (Chapitre noble de). — Genus, decus et virtus.

ORATOIRE (Prêtres de l'). — Jesus, Maria!

PAIX (Abbaye de la) près Tournai. — Pacificè.

PÉNITENTS BLEUS de Montpellier (Confrérie). — Christo et regi, egenis et defunctis.

SAINTE-CROIX DE LA BRETONNERIE (Chanoines de l'ordre de). — In hoc signo vinces.

SAINT-DENIS (Abbaye de). — Montjoie Saint Denys!

Saint-Etienne de Metz (Chapitre noble). — Religio-
nis decus et virtutis præmium.

Sainte-Marie de Leigneu (Chapitre de). — Louis XV
en a honoré le chapitre en l'an 1757.

Saint-Martin de Salles (Chapitre de). — Virtutis
nobilitatisque decus.

Saint-Victor de Marseille (Chapitre de). — Divi vic-
toris Massiliensis. — Monumentis et nobilitate in-
signis.

RÉGIMENTS.

Arbalétriers de Douai. — Gloire aux victorieux !
Chevau-Légers. — Celeres ardore.

    —   de Bourgogne. — Votis sectatur eun-
           dem.

    —   de Berry. — Par non feret in vita
           virtus.

Gendarmes ecossais. — In omni modo fidelis.

    —   anglais. — Tuus ad te nos vocat ardor.

    —   flamands. — Nec pluribus impar.

Nevers. (Officiers de l'élection de) — Les élus sont
pour le ciel.

FAMILLES.

—

A.

Abel de Chevallet. — Ferrer forte e spesso.

Abelly. — A Domino factum est.

Abercromby. (**G.-B.**) — Vive ut vivas.

Ablaing. — Cassis tutissima, virtus.

Abon. — Union maintient.

Achay. — Jamais las d'acher.

Aché de Larrey. — Bellica virtus.

Acland (baronet). (**G.-B**.) — Inébranlable.

A'Court (baron Heytesbury). (**G.-B.**) — Grandescunt aucta labore.

Addington (vicomte de Sidmouth). (**G.-B.**) — Libertas sub rege pio.

Adorno. — Restate uniti per esser forti.

Affry. — *Voyez* Avry.

Agar (comte de Northampton). (**G.-B.**) — Via trita, via tuta.

Agar-Ellis (baron Mendip et vicomte de Clifden). (**G.-B.**) — Non hæc sine numine.

Agnel-Bourbon. — Probitas, virtus et fidelitas.

Agout de Beauvesin. — Avidus committere pugnam.

3*

Agut. — Sagittæ potentis acutæ.

Akakia. — Quæcumque ferat, fortuna ferenda est.

Ailly. — *Ailly !*

Aimars (des). — Stimulis agitabit amaris.

Aimars (des). — *Voyez* Escalin.

Ainslie (baronet). (**G.-B.**) — Pro rege et patria.

Ainval. — Nescit labi virtus.

Albe. (**Esp.**) — *Voyez* Toledo.

Albertas. — Talis noster amor. = Antonio Albertas ou Albertazzo. — Fata viam invenient.

Albignac. — Nihil in me nisi valor.

Albon (d') et de Graisivaudan. — A cruce victoria.

Alesso. — Charitatis opus.

Alexander (comte de Caledon). (**G.-B.**) — Per mare, per terras.

Alexandre d'Hanaches. — Partout et toujours fidèle à Dieu et au roi.

Alinge. — Sans varier.

Alleman (d'). — *Robur !* ou *Place, place à ma dame !* — Tot in corde quot in armis.

Allen (vicomte Allen). (**G.-B.**) — Triumpho morte tam vita.

Alleyne (baronet). (**G.-B.**) — Non tua te moveant, sed publica vota.

Alrics (des). — Tant qu'il luira.

Altvillars ou Arvillars. — Nube altius. — Halaac.

Ambel. — Sed virtus nescia frangi.

Ambly. — Pour la gloire.

Amboise. — *Voyez* Chaumont.

Ambrois. — Sancte Ambrosi, tui sumus.

Amerval. — *Boulogne !*

Amherst (comte d'Amherst). (**G.-B.**) — Constantia et virtute.

Anderson-Pelham (baron Yarborough). (**G.-B.**) — Vincit amor patriæ.

Andigné. — Aquila non capit muscas.

Andrada. (**Esp.**) — Ave Maria, gratia plena.

Andrée de Renoard. — Je crois, pour être utile.

Andrews (baronet). (**G.-B.**) — Victrix fortunæ sapientia.

Angelin de Champleneys. — A jamais.

Angeville. — In his renascimur omnes.

Anglure. — *Saladin !* ou *Damas !*

Annesley (comte de Mountnorris). (**G.-B.**) — Virtutis amore.

Anstruther (baronet). (**G.-B.**) — Periissent ni periissem.

Antoing. — *Bury !*

Applaincourt. — Alors comme alors.

Apreece (baronet). (**G.-B.**) — Labora ut in æternum vivas.

Arasola d'Ognata. (**Esp.** et **P.-B**). — Ara soli Deo.

Arbaleste de Villargeault. — Domine, ut videam.

Arbalestier de Montclar. — Le coup n'en faut.

Arbaud de Jouques. — Nascitur et perit ira.

Arborio. (**Ital.**) — Vincendum aut moriendum.

Arbuthnot (vicomte d'Arbuthnot). (**G.-B.**) — Laus Deo.

Arcel. — *Voyez* Ardani.

Arces. — Le tronc est vert, et les feuilles sont arses. — Ni duc ni prince ne veux être.

ARCES DE RÉAUMONT. — M'a piqué la plus belle.

ARCHAMBAULT. — In armis leones.

ARCHINTO. (ITAL.). — Haurietis in gaudio.

ARDANI, *aliàs* **ARCEL.** — L'honneur y gist.

ARDEN (baron Alvanley). (G.-B.) — Patientia vinces.

ARGIOT DE LA FERRIÈRE. — Pro rege meo sanguis meus.

ARLOZ. — Nobilis miles, potens.

ARMAND. — Regi armandus et legi.

ARMUET DE BONREPOS. — Deum time. — Arma mihi requies.

ARMYNOT DU CHATELET. — Armis notus.

ARNAUD DE L'ESTANG. — Ypris coram rege captis.

AROD DE CHASSIEU. — Sans rien craindre.

ARSOLI. (ITAL.). — Post fata resurgo.

ARTHUYS. — Franc au roi suis.

ARUNDELL (baron Arundell de Wardour). (G.-B.) — Deo data.

ASCANIO (le cardinal). (ITAL.) — Adimit quo ingrata refulget.

ASCH VAN WYCK. (P.-B.). — Ore et corde idem.

ASGILL. (G.-B.) — Sui oblitus commodo.

ASHBURNHAM (comte de Ashburnham). (G.-B.) — Le roi et l'État.

ASPREMONT. — *Aspremont!*

ASTON. — Prêt d'accomplir.

ASTON (baronet). (G.-B.) — Numini et patriæ Asto.

ASTUARD. — Foi à qui l'a.

AUBERJON. — Maille à maille se fait l'Auberjon.

AUBERY. — Sustinent imperium virtus et lancea.

Aubier de Monteilhe. — Unguibus et rostro fidelis.

Aubremé. — Regi et patriæ.

Aubuisson. — L'honneur est mon seul guide.

Audiffret de Venasque. — Virtus omni obice major.

Aulnis. — Prudence et fidélité.

Aumale Van Romondt. (P.-B.) — Trinitas.

Aumont (duc de Villequier). — Uni militat astro.

Autié de Villemontée. — Nec dura nec aspera terrent.

Autret. — Dre an mor.

Avalos de Aquino (marquis de Pescara, prince de Francavilla). (Esp. et Nap.) — Finiunt pariter renovantque labores.

Avene. — Tenui meditatur avena.

Avennes. — Fortis simul et prudens.

Avogrado de Casanova. — Nisi lacessitus lædo.

Avry. (Suis.) — Au plus vaillant héros.

Azanne.— Auspicium terris hæc domus habet, manet altera cœlis.

B.

Bachelier. — Proprios ostentat honores.

Bachet. — Nescit labi virtus.

Bacon (baronet). (G.-B.)— Mediocra firma.

Bacquehem. — *Neufville !*

Baglion. — Omne solum forti patria est.

Bagot (baron Bagot). (G.-B.) — Antiquum obtinens.

Baile. — Qui croit en Dieu, croît.

Baillet. — Non omnibus idem.

BAILLONCOURT ou BAILLESCOURT. — *Landas !*

BAINS-BANISY. — Peregrinatio et militia.

BAISSEY. — Assez monte qui s'abaisse.

BAISSEY. (Bourgogne.) — Vive ut post vivas.

BALBIAN DE VIAL. — Prœvide futura.

BAMFYLDE (baronet). (**G.-B.**)—Delectare in Domino.

BANKS (baronet). (**G.-B.**) — Nullius in verba.

BAPTENDIER. — Durat cum sanguine virtus avorum.

BARBIER DE LANVERNEN. — Sur ma vie.

BARRES (des). — Ad superos tandem stemmata penna vehit.

BARRET-LENNARD (baronet). (**G.-B.**) — Pour bien désirer.

BARRINGTON (baronet). (**G.-B.**) — Ung durant ma vie.

BARRUEL-BEAUVERT. — Virtute sideris.

BARSCAOU ou PARSCAOU. — Temporiser.

BARTHELIER. — Cœli enarrant gloriam.

BARTON DE MONTBAS. — Sans y penser.

BARVILLE. — *Dieu à nous !* — Soldat et brave.

BASEMON. — Prudens simplicitas.

BASSABAT DE POURDIAC. — Il m'est fidèle.

BASSOMPIERRE. — Quod nequent tot sidera prœstat.

BATAILLE DE MANDELOT. — Bataille pour Dieu. — Ex bello pax.

BATEMAN. — Sidus adsit amicum.

BATEMIN. — Nec prece, nec pretio.

BATHURST (comte-baron Bathurst). (**G.-B.**) — Tiens ta foi.

BAUDET. — *Cambraisis !*

Baudry des Lozières. — Læsus sed invictus.

Bausset. — Sola salus servire Deo.

Bayard (du Terrail). — Sans peur et sans reproche.

Baygnan de la Jommeraye. — Je scay sans doutance
Au poine sans offense.

Baynes (baronet). (G.-B.) — Furor arma ministrat.

Beaulaincourt. — Pour le mieux.

Beauchamp-Proctor (baronet). (G.-B.) — Toujours
fidèle.

Beauclerk de Vere (duc de Saint-Albans, comte de
Burferd). — Auspicium melioris ævi.

Beaucourroy. — Major in præliis.

Beauffort. — In bello fortis.

Beaufort Spontin. — In bello fortis.

Beaufremetz. — *Wavrin !*

Beaufremont de Charny. — *Beaufremont !* — Plus
deuil que joie.

Beauharnais. — Autre ne sers.

Bazoches. — *Châtillon !*

Beaumanoir de Lavardin. — *Bois ton sang, Beaumanoir !* — J'ayme qui m'ayme.

Beaumont. — *Beaumont, Beaumont !* — Impavidum
ferient ruinæ.

Beaumont. — Pour la défense.

Beaumont (baronet). (G.-B.) — Erectus non elatus.

Beauvais-Vouty. — A cruce salus.

Beauveau. — *Beauveau !* — Sans départir.

Beauvoir. — *Wallincourt !*

Beauvoir du Roure-Grimoard. — A vetustate robur.

Becdelièvre. — Hoc tegmine tutus.

Beckwith (baronet). (**G.-B.**) — Joie en bien.

Bectoz. — Plaisir et los.

Bedingfield (baronet). (**G.-B.**) — Despicio terrena, solem contempto.

Béhague. — Bon guet chasse male aventure.

Bellassye. — Bonne et belle assez.

Bellecombe. — *Bellecombe !*

Bellefonds. — (*Voyez* Gigault de Bellefonds).

Belleforière. — *Bernemicourt !*

Belli. — Nec interit unquàm.

Benevans. — Jamais arrière.

Bengy de Puy Vallée. — Bien faire et laisser dire.

Bennet (comte de Tankerville, baron d'Ossulston) (**G.-B.**) — De bon vouloir servir le roi.

Benoist de la Prunarède. — Voca me cum benedictis.

Bentinck. (**P.-B.**) — Craignez honte.

Bentivoglio (Ferdinand de). — Exilis, non transilis. = Bentivoglio (Charles).—Vicissim servare fidem.

Berard. — Suaviter et fortiter.

Berbis de Dracy. — Sicut ovis.

Berbisey. — Et factum est ita.

Beresford (vicomte de Beresford). (**G.-B.**) — Nil nisi cruce.

Berghes Saint Winnocks. — *Berghes !*

Bergier. — Finis præcepti charitas.

Berkeley. — Dieu avec nous.

Berlaere. (**P.-B.**) — Fide, sed cui vide.

Bernard (baronet). (**G.-B.**) — Bear and forbear.

Bernard de Montbrison. — Et pace et bello.

Berney (baronet). (**G.-B.**) — Nil temerè neque timore.

Bernier. — Hostium terror tutatur amicos.

Bernière. — *Ah! Fuge!*

Bernon de la Guillemandière. — Virtutem a stirpe traho.

Berruyer. — Meliorà sequentur.

Berry (baronet). (**G.-B.**) — Per ardua.

Bert. — Securo sensu, curâ semota metuque.

Bertie. — Virtus ariete fortior.

Bertrier. — Ex labore fructus.

Bertrincourt. — *Boulogne!*

Besiade d'Avaray. — Vicit iter durum pietas.

Béthisy. — Et virtus et sanguis.

Béthune-Sully. — *Béthune!* — Disulere mihi fugeo. = Sully. — Ardeo ubi aspicior.

Beufrier. — Sunt etiam præmia laudi.

Beverne. — *Beverne!*

Biaudos-Casteja. — In bello leones, in pace colombæ.

Bickerton (baronet). (**G.-B.**) — Pro Deo et rege.

Bidal d'Asfeld. (**Suè.**) — Bellicæ virtutis in Hispania præmium.

Bigot de Pontbodin. — Tout de par Dieu.

Biliotti, anciennement Vulpelli. (**Ital.**) — S. P. Q. F. (Senatus Populus Que Florentinus). — Jesus rex noster et Deus noster.

Billehé de Valensart. (**P.-B.**) — Qui non potest sperare desperet nihil.

Binet. — Je le vieil.

Bingham (baron Clanmorris). (**G.-B.**) — Spes mea Christus.

BIOTIÈRE. — Tam fortis quam nobilis.

BIRAGUE. — Jubet agnus aris.

BIRON. — *Voyez* GONTAUT.

BISHOP (baronet). (**G.-B.**) — Pro Deo et ecclesia.

BLACAS. — *Vaillance!* — Pro Deo, pro rege.

BLACKETT (baronet). (**G.-B.**) — Nous travaillerons en l'espérance.

BLACKWOOD (baron Dufferin et Claneboye). (**G.-B.**) — Per vias rectus.

BLAKE (baron Wallscourt). (**G.-B.**) — Virtus sola nobilitas.

BLAMONT. — *Blamont!*

BLANC. — Sine macula. — Tout vient à point. — En tout candeur.

BLANOT. — Tandem flavescent.

BLAYNEY (baron Monagham). (**G.-B.**) — Integra mens, augustissima possessio.

BLÉ (Du). — En tous temps du blé!

BLECOURT. — *Cambraisis!*

BLIGH (comte de Darnley et baron Clifton). (**G.-B.**) — Finem respice.

BLOIS (de). — Agere et pati fortia.

BLOIS (baronet). (**G.-B.**) — Je me fie en Dieu.

BLONAY. (**Sav.**) — Pur comme l'or, prompt comme l'éclair!

BLONDEL. — *Gonnelieu!*

BLOOMFIELD (baron Bloomfield). (**G.-B.**) — Fortes fortuna juvat.

BLOUNT. (baronet) (**G.-B.**) — Lux tua, via mea.

BOCHART. — Inventis, fidus abstinet.

Bock. — Qui scit mori nihil timet.

Bocsozel-Montgontier. — Quoy qu'il en advienne.

Boer. (**P.-B.**) — Pro Deo, rege et patria.

Boevey (baronet). (**G.-B.**) — Esse quam videri.

Boffin. — Deo, regi, patriæ, pietas et fides. — Caput inseret astris.

Bogaerde de Terbrugge. (**P.-B.**)—Ex arbore fructus.

Boileau de Castelnau. — De tout mon cœur.

Bois (Du). — Loué soit Dieu !

Boisbouessel. — Soli gestant insignia fortes.

Boiseon. — *Talbia !*

Bois d'Escordal. — Fortis et generosus.

Boisgelin de Kergoet. — In virtute vis.

Boisguéhéneuc. — Garantez ar guiriones.

Boissat. — Ny regret du passé, ny peur de l'avenir.

Boisseau du Rosey. — Selon le temps.

Bon de Lignim. — Semper et ubique bonus.

Bonadona. (**Ital.**) — Hæc sunt bona virtutis dona.

Bongars. — Bon sang ne faille.

Bonnay. — Oncques ne dévie.

Bonnefoy de Bretauville. — Honneur, courage et fidélité.

Bonnel. — Fortitudo et virtus.

Bony de Lavergne. — Bisantiis nummis pauperibus adest.

Boothby (baronet). (**G.-B.**)—Mors Christi, mors mortis mihi.

Bootle-Wilbraham (baron Skelmersdale). (**G.-B.**)— In portu quies.

Boquet. — Præmium virtutis honor.

Borch van Werwolde. (**P.-B.**)—Integritate et constantia.

Bordes. — Gratus honore labor.

Borel d'Hauterive. — Jusques où?

Boreel de Mauregnault. (**P.-B.**) — Vaincre ou mourir.

Borghèse. (**Ital.**) — Ardet in æternum.

Borgia. (**Ital.**). — Aut Cœsar, aut nihil.

Borluut. (**P.-B.**) —Grœninghe velt.

Boscawen (comte et vicomte de Falmouth). (**G.-B.**)
— Patience passe science.

Bosch van Drakenstein. (**P.-B.**) —Virtute et labore.

Bossuet. — Rebus in est velut orbis.

Botigneau. — A l'adventure.

Boubers-Abbeville-Tunc. — *Abbeville!* — Fidelior
in adversis.

Boucher de la Motte. — Honor et rex.

Boucherat. — Partout fidèle. — Nocte dieque vigil..
= Boucherat (Nicolas). — Quæ nocent, docent.

Boucicaut. *Voyez* Le Meingre.

Boucqueau van Villeraie. (**P.-B.**)—Frangi non flecti.

Bouffier. — Dextra lilium sustinet.

Boufflers. — *Camberon!*

Boughton (baronet). (**G.-B.**) — Omne bonum Dei
donum.

Bougy. — Perseverando ac sperando.

Bouillé du Charriol. — *Le Charriol!* — A vero
bello Christi. — Tout par labeur.

Bourcourd. (**P.-B.**) — Deus, rex et patria.

Bourguignon-Lamure. — Contra hostem surrectus.

BOURKE (comte-vicomte de Mayo). (**G.-B.**) — A cruce salus.

BOURNONVILLE. — *Bournonville !*

BOURRELIER DE MAUTRY. — Loyal et gay.

BOUSIES. — *Les Corbeaux !* — Bousies au bon fiz.

BOUT. — De bout en bout.

BOUTHELIER. — Marte etiam invicto.

BOUTON DE CHAMILLY. — *Aillevrs iamais !* — Le souvenir tue Bouton.

BOUVENS. — Plus n'est possible.

BOUVIER. — Caput inseret astris.

BOUVIER DE PORTES. — Caveto.

BOWYER (baronet). (**G.-B.**) — Contentement passe richesse.

BOYD. (baronet). (**G.-B.**) — Confido.

BOYER. — S'il vient à point m'en souviendra.

BOYLE (baron Boyle, Banden-Bridge, Broghill, vicomte Dungarvan et Kinalmeaky, comte de Cork et d'Orrery). (**G.-B.**) — Vivit post funera virtus.

BOYLE (baron de Castle-Martyr, Carlton, vicomte Boyle, comte de Shannow). (**G.-B.**) — Spectemur agendo.

BOYLE (baron Boyle, Ross, vicomte Kelburne, comte de Glascow). (**G.-B.**) — Dominus providebit.

BOYNTON (baronet). (**G.-B.**) — Il tempo passa.

BRABAZON (comte de Meath et baron de Chaworth). (**G.-B.**) — Vota vita mea.

BRANCAS ou BRANCACCIO. (**ITAL.**). — Di fuor di leggi.

BRANCIFORTE (comte de Mazarino de). (**ITAL.**). — Dominus fortitudo.

Brand (baron Dacre). (**G.-B.**) — Pour bien désirer.

Braque. — In homine virtus opressa resurget. =
Braque (Robert). — Tunc satiabor.

Bréauté (Adrien de). — Fit via fati. = Bréauté (Amiral Adrien II de). — Æquora placeat. = Bréauté (Adrien III de).—Membris agit altra vul-nera. = Bréauté (Pierre de). — Unus cuncta mihi.

[Les autres devises attribuées à quelques person-nages de cette famille, paraissent apocryphes.]

Bréhan. — Foi de Bréhan
Mieux vaut qu'argent.

Brémond. — Ex tota anima mea et toto corde meo.

Bretagne. — Ne quid nimis.

Breugel. (**P.-B.**) — In trinitate fortitudo.

Briant de Laubrière. — Sans détour.

Briggs (baronet). (**G.-B.**). — Virtus est Dei.

Brimeu. — Plus que toutes. = Brimeu (David de). — Quand sera-ce? — Autrefois mieux.

Brodrick (vicomte de Middleton). (**G.-B.**) — A cus-pide corona.

Broglie. — A nul autre.

Brograve (baronet). (**G.-B.**) — Finis dat esse.

Briçonnet. — Ditat servata fides.

Bromhead (baronet). (**G.-B.**) — Concordia crescimus.

Bromley (lord Montfort, baron Horseheath). (**G.-B.**). — Non inferiora secutus.

Brossard de Cléry. — Audenti succedit opus.

Brosse. — Quo fata sequor.

Brou. — Spes mea in Deo est.

BROUGHAM (baron Brougham et Vaux). (**G.-B.**) — Pro rege, lege, grege.

BROWN DE BONGTOWN. (**G.-B.**) — Caute et sedulo.

BROWN (D'Eastfield). (**G.-B.**) — Delectat et ornat.

BROWN (baronet). (**G.-B.**) — Gaudeo.

BROWN DE DOLPENTIEW. (**G.-B.**) — Labor omnia vincit.

BROWNE (Baron Kilmaine). (**G.-B.**) — Suivez raison. = BROWNE (marquis de Sligo, comte d'Altamont, vicomte Westport, lord Monteagle). — (*Même devise.*)

BRUC. — Flos florum, equites equitum.

BRUCE (baron Bruce, comte d'Elgin et de Bruce). (**G.-B.**) — Fuimus.

BRUDENELL-BRUCE (marquis-comte d'Ailesbury). (**G.-B.**). — Fuimus.

BRUDENELL (baron Brudenell, comte de Cardigan). (**G.-B.**). — En grace affie.

BRUEYS DE SOUVIGNARGUES. — Oculi mei semper ad Dominum.

BRUM DE MIRAUMONT. (**P.-B.**). — Fortis ubique.

BRUN DE MONTESQUIOU. — Invincible.

BRUSLARD. — Animis illabere nostris. = BRUSLARD (Denys). — Inconsumptibilis ardet.

BRUYÈRES-CHALABRE. — Sola fides sufficit.

BRUYSET. — Fideli obsequio.

BUCHER. — Neque te munera, nec preces.

BUDES DE GUÉBRIANT. — Superis victoria faustis.

BUIGNY DE BRAILLY. — *Va ferme à l'assault, Buigny, à la prise!*

Buissy. — Attente nuit, Buissy.

Bunbury (baronet). (**G.-B.**) — Firmum in vita nihil.

Burgess (baronet). (**G.-B.**) — Levius fit patientia.

Burgh (baron Downes). (**G.-B.**) — A cruce salus.

Burle. — Cruore Christi corusco.

Burnaby (baronet). (**G.-B.**) — Pro rege.

Burrell (baronet). (**G.-B.**) — Sub libertate quietem.

Burroughs (baronet). (**G.-B.**) — Audaces fortuna juvat.

Burteur. — Vulcana tela ministrant.

Bury. — *Bury !*

Bury (comte de Charleville, baron Tullamore). (**G.-B.**) — Virtus sub cruce crescit.

Bus de Ghisignies (Du). — Finis laborum palma.

Bussy. — Encore ne me tenez.

Butet. — La vertu mon but est.

Butler (vicomte Kerrin, comte de Carrick). (**G.-B.**) — Soyez ferme.

Butler (vicomte et baron Caher, comte de Glengall). (**G.-B**) — God be my guide.

Butler (comte de Kilkenny). (**G.-B.**) — Depressus extollor.

Butler (comte de Lanesborough). (**G.-B.**) — Liberté tout entière.

Butler (vicomte Thurles, baron Arklow, comte de Ossory, marquis et comte d'Ormond). (**G.-B.**) — Comme je trouve.

Buves. — *Buves tost assis !*

Byng (vicomte de Torrington). (**G.-B.**) — Tuebor.

Byron (lord Byron). (**G.-B.**) — Crede Byron.

C.

Caan (**P.-B.**).— Prudenter, fideliter et perseveranter.

Cabarrus. — Fide publica.

Cabiron. — Virtus et honor.

Cabot. — Semper cor caput Cabot.

Cadenet. — Nec timeas nec optes.

Cadogan (comte de Cadogan). (**G.-B.**) — Qui incidet, minor est.

Cahideuc. — Antiqua fortis virtute.

Calder (baronet). (**G.-B.**) — Vigilans non cadet.

Calderati. (**Esp.**) — Hasta la muerte.

Calf de Noidans. (**P.-B.**). — Virtus et aves. — Valeur et droiture.

Calkoen. (**P.-B.**) — Perseverando.

Call (baronet). (**G.-B.**) — Grata manu.

Callander (baronet). (**G.-B.**) — Et domi et foris. — Meanwell.

Caloen-Arents. (**P.-B.**) — Vim vi.

Camberlyn d'Amougies. (**P.-B.**) — Strenue, fideliter.

Camelin. — Deo favente.

Campbell (duc, marquis et comte d'Argyle). (**G.-B.**) — Vix ea nostra voco.

Campbell (marquis de Breadalbane). (**G.-B.**) — Follow me.

Campbell (comte de Cawdor). — Be mindful.

Cameru. — Enn kichen ru ema komeru.

Campeau. — *Escaillon denaing!*

Canning (baron Garvagh). (**G.-B.**) — Ne cede malis, sed contra.

4

Canny. — *Croisilles !*

Cantaing. — *Cambresis !*

Cantillon de Ballyhigue. — Fortis in bello.

Capova de Conca. — Negligit ima.

Caradok (baron Howden). (**G.-B.**) — Traditus non n victus.

Cardevac d'Avrincourt. — *A iamais Cardevac !* — Au ciel Beaumont ! ou *Mieux mourir que ternir !*

Cardon d'Anglure. — Ne crains rien.

Carew (baronet). (**G.-B.**) — Nil conscire sibi.

Carey (vicomte Falkland). (**G.-B.**) — In utroque fidelis.

Caritat de Condorcet. — Charitas !

Carleton (baron de Dorchester). (**G.-B.**) — Quandam his vicimur armis.

Carné. — Plutôt rompre que plier.

Carnegie (comte de Northesk, lord Roschilt et Inglismaldy). (**G.-B.**) — Tâche sans tache. — Britannia victrix.

Carnin. (**P.-B.**) — Virtus sibi præmium.

Carondelet. (**P.-B.**) — *A moi Chauldey !* — Aquila et leo.

Carpenter (comte de Tyrconnell). (**G.-B.**) — Per acuta belli.

Carpentier. (**P.-B.**) — Dios y el rey.

Carpentier de Crécy. — *Carpentier !*

Carpentin de Cumont. — A tout.

Carre de Luzancay. — Nusquam devius.

Carvoisin. — Duce non erramus Olympo.

Cassard. — Sans venin.

Castelbajac. — Lilia in cruce floruere.

Castel-Cicala. — Numquam retrorsùm.

Castera. — Si consistant adversum me castra, non timebit cor meum.

Castillon. — *Diex el volt !* — Deo regibusque semper ut olim.

Castillon de Mauvesin. — Præmium vitæ, mori pro patria.

Castillon de Saint-Martin. — A laqueo malignantium libera mea Domine.

Catheart (comte de Catheart). (G.-B.) — I hope to speed.

Catherine de Varanges. — His virtus evecta rotis.

Catin de Flavignerot. — Spoliatis arma supersunt.

Catinat. — Omnia virtuti parent.

Caulaincourt. — Désir n'a repos.

Cauliers. — Sicut erat in principio.

Caulfield (comte de Charlemont). (G.-B.) — Deo duce, ferro comitante.

Caumont. — Fortior coronatur.

Caumont la Force. — *Ferme Caumont !*

Cauny. — *Croisilles !*

Cavech. — *Graincourt !*

Cavendish (comte de Burlington). (G.-B.) — Cavendo tutus.

Cavendish-Bentinck (duc de Portland). (G.-B.) — Craignez honte.

Cauvet de Blancheval. — Cave, cave canem !

Cayeux. — *La folie !*

Cecil (marquis comte d'Exeter). (G.-B.) — Cor unum, via una.

CENTAL DE LA TOUR D'AIGUES. — Satiabor cum apparuerit.

CESARINI. — Frangor et flector.

CHABANNES. — Je ne le cède à nul autre.

CHABERT. — Postes portasque refregit.

CHABEU. — Tant vaut l'homme, tant vaut la terre.

CHABOT (Philippe de). — Concussus surgo.

CHABRILLANT. — *Voyez* MORETON DE CHABRILLANT.

CHALLUDET. — Désir sans vanité.

CHAMBORANT. — Onques ne faillis.

CHAMBRAY. — Regit nidum majoribus alis.

CHAMP (Du). — Tout bien du champ.

CHAMPEAUX-VAUXDIMES. — Diex el volt.

CHAMPIER. — Tu ne cede malis, sed contrà adventior ito.

CHAMPNEYS (baronet). (**G.-B.**) — Pro patria non timidus morire.

CHANALLEILLES. — Fideliter et alacriter. — Canes legati.

CHANCEL DE LA GRANGE. — Chancel ne chancelle mie.

CHANDIÉ. — Εν το πονειν απλανος.

CHANDIEU. — Pour l'Eternité !

CHANLECY. — Virtus mihi numen et ensis.

CHAPEL DE LA PACHERIE. — *Murat !*

CHAPELLIER. — Rerum prudentia victrix.

CHAPPONAY. — Gallo canente spes redit.

CHARBONNEL DU BETS. — In corde decus et honor.

CHARLÉ DE TYBERCHAMPS. (**P.-B.**) — Justus amat lucem.

CHARMASEL. — Fere magiora. — Non juvat ex facili.

CHARNY. — *Charny! Charny!*

CHARPENTIER DE BEAUVILLÉ. — Securi securus.

CHARPIN DE FOUGEROLLES. — In hoc signo vinces.

CHARRIER DE LA ROCHE. — Semper in orbita.

CHARTERS OF AMYSFIELD. (**G.-B.**) — This is our charters.

CHASSEBRAS. — Tempora tempore tempera.

CHASSEPOT DE BEAUMONT. — Semper vigil.

CHASTELET. — *Priny! Priny!*

CHASTELLUX. — Fermeté et loyauté.

CHASTILLON-CHEMILLA. — *Chastillon! Chastillon!*

CHATEAUBRIANT. — *Châteaubriant!* — Je sème l'or!
— Mon sang teint les bannières de France!

CHATEAUCHALON. — Selon le lieu.

CHATEAUGIRON. — Pensez-y ce que vous voudrez.

CHATEAUNEUF-RANDON. — *Châteauneuf!* — Deo juvante.

CHATEAUVILLAIN. — *Châteauvillain à l'arbre d'or!*

CHATEL (Du). — Mar car done. — Da Val Etery.

CHATHAM. (**G.-B.**) — *Voyez* PITT.

CHATTERTON (baronet). (**G.-B.**) — Loyal à mort.

CHAUGY DE ROUSSILLON. — Vous m'avez, vous m'avez!

CHAUMONT D'AMBOISE. — *Amboise!* = D'AMBOISE
(Charles). — Mitem animum agresti sub tegmine
servo!

CHAUVETON DE SAINT-LÉGER. — Deus, rex, honor.

CHAUVIGNY. — *Chevaliers pleuvent! Jérusalem!*

CHEERE (baronet). (**G.-B.**) —Præmium virtutis honor.

CHEF DU BOIS. — *Penhoüet!*

CHETWOOD (baronet). (**G.-B.**) — Corona mea Christus.

CHETWYND-TALBOT (comte de Talbot). (**G.-B.**) — Humani nihil alienum. = CHETWYND (vicomte de Chetwind). — Probitas verus honor.

CHEVALIER DU COUDRAY. — Multo labore.

CHEVILLARD. — Je rapporte fidèlement ce que je trouve.

CHEYLUS. — Fè et honour.

CHICHESTER (marquis et comte de Donegal). (**G.-B.**) — Invitum sequitur honor.

CHIEL. — Ny tost ny tard.

CHIFLOT. — Flos semper virens, virtus.

CHILD-VILLIERS. (comte de Jersey). (**G.-B.**)

CHISSÉ. — Toujours.

CHIVALLET. — Liberté aiguillonne.

CHOLMONDELEY. (**G.-B.**) — Cassis tutissima virtus.

CHRISTOPLE. — Eminent undique vires.

CIBO. (**P.-B.**) — Van gut in besses.

CILLART DE KERMAINGUY. — Mon cor et mon sang.

CIREY DE MAGNY. — Virtute duce, comite fortuna.

CLAVESON. (**G.-B.**) — Stat fortis in arduis. — Cœlorum crux mihi clavis erit.

CLAYTON (baronet). (**G.-B.**) — Virtus in actione consistit.

CLAYTON (baronet). (**G.-B.**) — Probitatem quam divitias.

CLEMENTS (comte de Leitrim). (**G.-B.**) — Patriis virtutibus.

CLERC-LA-DEVEZE. — Virtute clara.

CLÉREMBAUT DE VENDEUIL. — De Vendeuil nous sommes.

CLERMONT. — *Clermont de Lodève!*

CLERMONT-TONNERRE. — Si omnes ego non.

CLIFFORD (baron Clifford). (**G.-B.**) — Semper paratus.

CLIFTON (baronet). (**G.-B.**) — Tenez le droit.

CLINCHAMP DE BELLEGARDE. — Pro Deo et rege.

CLIVE (comte de Powis). (**G.-B.**) — Audacter et sincere.

CLOCHEVILLE DE BELLE. — Fac et spera.

CLUGNY-THENISSEY. — Généreux et fidèle.

COCHRANE (comte de Dundonald). (**G.-B.**) — Virtute et labore.

COCKS (comte Sommers). (**G.-B.**) — Prodesse quam conspici.

COETANCOURT. — Ha galon vat.

COETANLEM. — Germinavit sicut lilium.

COETENFAO. — *Voyez* KERHOENT DE COETENFAO.

COETGOUREDENC. — Je me contente.

COETIVY. — Prest ve.

COETLEZ ou COETLEON. — Humble et loyal.

COETLOGON. — A peb emser.

COETLOSQUET. — Franc et loyal.

COETMANACH. — A bien viendra par la grâce de Dieu!

COETMEN. — *Hary avant!*

COETMENCE. — Soit!

COETMEUR. — Aultre n'auray.

COETUDAVEL. — Ret ve.

COETQUELFEN. — Bez a e Peoch.

CŒUR. — A cœur vaillant rien impossible.

COFFIN (baronet). (**G.-B.**) — Exstant recti factis præmia.

Coghill (baronet). (**G.-B.**) — Non dormit qui custodit.

Cohen. — Onwrikbaar !

Colas des Francs. — Altius ardet.

Colbert. — Perite et recte. = Colbert (surintendant des finances). — Servat et abstinet.

Cole (comte d'Enniskillen). (**G.-B.**) — Deum cole, regem serva.

Colebrook (baronet). (**G.-B.**) — Sola bona quæ honesta.

Collet la Chasserie. — L'âme et l'honneur.

Colley-Wellesley (marquis Wellesley). (**G.-B.**) — Porro unum est necessarium.

Coligny. — Je les éprouve tous.

Colloredo-Mansfeld. — Hæc peperit virtus.

Colombet. — Simplicitas.

Colomb. — En fedelta finiro la vita.

Colonna. (**Ital.**) — Flectimur non frangimur undis. = Colonna (Jérôme). — Fulcit et ornat. = Colonna (Marc-Antoine). — Erit altera merces.

Colquhoun (baronet). (**G.-B.**) — Si je puis.

Colt (baronet). (**G.-B.**) — Vincit qui patitur.

Colville (lord Colville). (**G.-B.**) — Oublier ne puis.

Colyear (comte de Portmore). (**G.-B.**) — Avance.

Comarque. — Cum arca.

Combaud. — *Bourbon !*

Comerford. (**G.-B.**) — So ho Dea ne.

Commiers. — Sub pennis ejus sperabo.

Commines. — Sans mal.

Comminges. — En vivant nous amendons.

Compton (marquis et comte de Northampton). (**G.-B.**) — *Nisi dominus!* — Je ne cherche qu'un.

Conen. — Qui est sot a son dam.

Coninck. (**P.-B.**) — Rex, grex, lex.

Conyngham. (**G.-B.**) — Over fork over.

Constant de Rebecque. — In arduis constans.

Contamine. — Unquam te contamina.

Constantin. — Sans reproche.

Cope (baronet). (**G.-B.**) — Æquo adeste animo.

Copley (baron Lyndhurst). (**G.-B.**) — Ultrà pergere.

Copous. (**Esp.**) — Edomitum virtute vitium.

Coppieters. — Sitio justitiam.

Corbet (baronet). (**G.-B.**) — Deus pascit corvos.

Cordes-Watripont (Des). — *Ciel à ciel !*

Cordou. — Tout sans contrainte.

Cordoue. — Ferme dans l'adversité.

Corgenou. — Tout est bien.

Corn. — Dieu est tout.

Cornet. (**P.-B.**) — Fortiter et honeste.

Cornewall. (**G.-B.**) — La vie durant.

Corsant. — Altius.

Corten. (**P.-B.**) — Cort en gœt.

Cosne de Cardanville. — Deus et rex.

Cossé-Brissac. — Æquabo si faveas.

Cossin. — Spes mea Deus.

Costaing. — Prospérité.

Coste. (**Ital.**) — Di giorno in giorno.

Cottereau. — Bene vivere et cœlari.

Cotterell (baronet). (**G.-B.**) — Non repui , sed recepi.

Cotton (baronet). (**G.-B.**) — Fidelitas vincit.

Coucy-Chateauvieux. — *Notre-Dame au seigneur de*
 Coucy ! — Bel avis. = Coucy à la merveille ! ou
 Place à la bannière !

> Ne suis roy ni prince aussy
> Je suis le sire de Coucy.

Courcelles. — Pour jamais.

Courcol de Baillancourt. (**P.-B.**) — Fulmina et <br> astra.

Coursant. — Cours sans cesse.

Court (Du). (**P.-B.**) — Alio sub sole virescam.

Courtenay (comte de Devon). (**G.-B.**) — Ubi lapsus?
 quid feci?

Courteville de Hodicq. — Pour jamais Courte-
 ville.

Cousin. — Fides exercituum.

Coutance. — Constantia, justitia et fidelitas.

Coventry (comte de Coventry). (**G.-B.**) — Can-
 dide et constanter.

Coper (comte de Coper). (**G.-B.**) — Tuum est.

Coysia. — Pietate et patientia.

Cramailles. — *Au guet !*

Cramezel. — Fidelis patriæ, regi generosus et ar-
 dens, confestim vires animumque utrique repono.

Cranstoun. (**G.-B.**) — Thou shalt want ere want.

Craon. — Non sum timendus.

Craven (comte de Craven).

Crechquerault. — Tu dispone.

Creighton (comte d'Erne). (**G.-B.**) — God send grace.

Créqui. — *A Créquy le grand baron !*

Créqui haut baron,
Créqui haut renom.

Créquy (Antoine, cardinal de). — Prisca lux, dux certa salutis. = **Baudoin**, (sire de Créquy et de Fressin.) — Nul ne s'y frotte *ou* Souvent m'en est.

Crescentio. — Aspice, crescam.

Creton d'Estourmel.—*Creton!*—Vaillant sur la crète.

Croisilles. — A fide salus.

Crevecœur. — La Tour-Landry.

Crewe (lord Crewe). (**G.-B.**) — Sequior nec inferior.

Crichton-Stuart (marquis de Bute). — Nobilis est ira leonis ! — Avito vir et honore.

Crillon. — Fais ton devoir.

Cristophe Colomb. — Por castilla, y por Leon nuevo mundo hallo colon.

Croeser de Berges (**P.-B.**) — Mesure dure.

Croft (baronet). (**G.-B.**) — Plus esse quam videri.

Crofton (baron Crofton). (**G.-B**). — Dedit Deus incrementum.

Crofton (baronet). (**G.-B.**) — Dat Deus incrementum.

Crevant-d'Humières. — L'Honneur y gît.

Croisy de Montalent. — Nomen in cruce, salus in fide. — Ie me contente.

Crombrugghe. (**P.-B.**) — *Gand! Gand!*—Espérons de nos vertus. = **Crombrugghe de Wever.** — Virtute decet non stemmate niti.

Croy-Solre. — Je maintiendrai. = **Guy de Croy** (seigneur de Chièvres). — Dulcia mixta malis. = **Croy.** — Souvenance.

Crozat. — Crux cœlorum, crux mihi clavis erit.

Crupilly. — *Sorel !*

Crussol. — Ferro non auro.

Cuffe (comte de Desart). (**G.-B.**) — Virtus repulsæ nescia sordidæ.

Cugnac. — Ingratis servire nefas.

Culant. — *Au peigne d'or !*

Cullum (baronet). (**G.-B.**) — Sustineatur.

Cuming-Gordon (baronet). (**G.-B.**)—Sans crainte.— Courage.

Cunliffe (baronet). (**G.-B.**) — Fideliter.

Curtis (baronet). (**G.-B.**) — Gradatim vincimus.

Curtis (baronet). (**G.-B.**) — Per ardua.

Curzon (baron Scarsdale). (**G.-B.**) — Rectè et suaviter.

Curzon-Howe (comte de Howe). (**G.-B.**) — Let Curzon hold what Curzon held.

Cusack. — En Dieu est mon espoir.

Cust (comte de Brownlow). (**G.-B.**) — Opera illius mea sunt.

Cuylen (**P.-B.**) — Ex ungue leonem.

Cuypers (**P.-B**) — Je soutiendrai Cuypers.

Czartoryski. (**Pol.**) — Le jour viendra.

D.

Dalzell (comte de Carwath). (**G.-B.**) —Dure.

Damas. — *Damas !*

Danes. — Vérité et justice.

Darbon. Courage et peur.

Dauchy. — *Montigny Saint Christophe !*

DAVID (de). — Memento Domine David.

DAVIE. — Auspice Christo.

DAWNAY (vicomte de Downe). (**G.-B.**)—Timet pudorem.

DAWSON (baron de Cremorne). (**G.-B.**) — Toujours propice.

DAWSON (comte de Portarlington).—Vitæ via, virtus.

DEAN. — Vigor in virtute.

DEANE (baron Muskerry). (**G.-B.**) — Forti et fideli nihil difficile.

DE BLAQUIÈRE (baron de Blaquière). (**G.-B.**) —Tiens à la vérité.

DE BURGH (marquis et comte de Clanricarde). (**G.-B.**) — Comme je trouve.

DE COURCY (lord Kingsale). (**G.-B.**) — Vincit omnia veritas.

DE GREY (comte de Grey). (**G.-B.**) — Qualis ab incepto. = DE GREY (baron de Walsingham). — Excitare non hebescere.

DE LA POER-BERESFORD (marquis de Waterford). (**G.-B**) — Nil nisi cruce.

DELLEY (seigneur d'Agnens et de Blancmesnil). — J. D. D. (Jussu Domini Dei.)

DELOBÉ. — Senwart Crèvecœur.

DELPHINI (le cardinal). — Primitur non opprimitur.

DELPON-SAINT-SYLVESTRE.— Nullo quatitur impetu.

DE MONTMORENCY (baron de Mountmorres).(**G.-B.**)— Dieu ayde.

DENMAN (baron Denman). (**G.-B.**) — Prudentia et Constantia.

Derby. (**G.-B.**) — *Lancastre au comte Derby!*

Dering. — Terrere nolo, timere nescio.

De Ros. — Crom a boo.

Desclabes. — *Chièvre!*

Desmaisières. — *Wallincourt!*

Dessey du Leiris. — Preux et courtois.

Dessoffy de Csernek. (**Aut.**). — Pro aris et focis.

Dessole. — Certa fulgent sidera.

Deurne de Damas. (**P.-B.**) — Bello dura.

Devereux (vicomte Hereford). (**G-B.**) — Virtutis comes invidia.

Dibbets. (**P.-B.**) — Arma nobilitant.

Dickson. (**G.-B.**) — Fortes fortuna juvat.

Diert. (**P.-B.**) — Nec temerè nec timidè.

Dieuleveult de Launay. — Diex le volt.

Digby (comte de Digby). (**G.-B.**) — Deo non fortuna.

Dillon (baron Clonbrock). (**G.-B.**) — Auxilium ab alto. = Dillon (comte de Roscommon). — Même devise.

Dillon-Lee (vicomte Dillon). — Dùm spiro spero.

Dinan. — *Hary avant!*

Dion de Vandonne. — Domine ad adjuvandum me festina. — Dieu en ayde.

Disimieu. — Il n'est nul qui dise mieux.

Dixie. — Quod dixi, dixi.

Doorn van Westcapelle. (**P.-B.**) — Doe wel en zie niet om.

Doncquer de T'serroéloffs. — Post tenebras spero lucem.

Dorcières. — Franc comme l'or.

Dormer (baron Dormer). (**G.-B.**) — Ciò che Dio vuole, io voglio.

Dorne. — Factis facta adornat.

Dortans. — Mieux j'attends.

Douglas (baron Douglas). (**G.-B.**) — *Douglas Saint-Gilles!* — Jamais arrière. = **Douglas** (comte de Morton). — Look sicker. = **Douglas** (comte de Selkirk). — *Jamais arrière!* — Firmior quò paratior. = **Douglas** (marquis de Quensberry). — Forward.

Douglas. (**G.-B.**) — Audax et promptus.

Douville. — Fais bien, on te nomme.

Doyle. — Fortitudine vincit.

D'Oyley. (**G.-B.**) — Do no yll, quoth D'Oyle.

Drake. — Auxilio divino. — Sic parvis magna.

Dresnay (Du). — En bon espoir.

Drujon de Beaulieu. — Cura quod acquisti.

Drummond (baron Willoughby de Eresby). (**G.-B.**) — Animus non deficit æquus.

Drummond (duc de Melfort.) (**G.-B.**) — *Gang-Warily!* — Ab uno ad omnes. — Sanguis regum Hungariæ.

Dubarry (Comtesse). — Boutez en avant.

Duckett. — Je veux le droit.

Duckinfield. — Ubi amor, ibi fides.

Ducrest de Villeneuve. — Per sidera cresco.

Duff (comte de Fife). — Virtute et opera.

Duguesclin. — *Notre-Dame Guesclin!* — Dat virtus quod forma negat.

Dumaitz de Goimpy. — Crescit virtus in periculo.

Dumas de Cultures. — Malo mori quàm fœdari.

Dumas de Peysac. — In hoc signo vinces.

Dumonceau (**P.-B.**) — Herrinnering van verdienstein.

Dunbar (baron Duffus). (**G.-B.**)—Sub spe.

Duncombe (baron Feversham). (**G.-B.**) — Deo, Regi, Patriæ.

Dundas (baron Dundas). (**G.-B.**)—Essayez !

Duperier (baron d'Ussau). — Ni vanité ni faiblesse.

Du Plessis-Mornay. — Arte et Marte.

Dupont-Labbé. — Rep chang.

Duprat. — Spes mea Deus. = Duprat (le chancelier). — Virescit vulnere virtus.

Dupuy. — Pro Deo et rege me sustinet turris.

Durant (le cardinal). — Moderata durant.

Duranty. — Di fuor si legge.

Durfort de Duras. — *Duras !*

Dussen (**P.-B.**) Nec temerè nec timidè.

Dutimur. — L'âme et l'honneur.

Dutrieu. — Bien faire et ne rien craindre.

Duval de Beaulieu. — Fidelitate. = Duval de Blaregnies. — Même devise.

E.

Eardley-Twisleton-Fiennes. (**G.-B.**)—Fortem posce animum.

East. (**G.-B.**) — J'avance.

Eden (baron Auckland). (**G.-B.**) — Si sit prudentia. = Eden. — Même devise.

EDGCUMBE (comte de Mount-Edgcumbe). (**G.-B.**) — Au plaisir fort de Dieu.

EDMONSTONE. (**G.-B.**) — Virtus auget honorem.

EDWARDES (lord Kensington). (**G.-B.**) — *Rich !* — Garde la foi.

EECHAUTE. (**BEL.**) — *Grimberghes !*

EGERTON (comte de Wilton) (**G.-B.**) — Virtuti ¦non armis fido.

ELBENE. (**G.-B.**) — El più fedele.

ELFORD. (**G.-B.**) —Difficilià quæ pulchra.

ELLIOT (comte de Saint-Germain). (**G.-B.**) — Occurrent nubes.

ELLIOT-MURRAY-KYNYNMOND. (**G.-B.**) — Suaviter et fortiter.

ELLIS (lord Howard de Walden). (**G.-B.**) — Non quo, sed quomodo. = **ELLIS** (baron Seaford). — (Même devise).

ELPHINSTONE (lord Elphinstone). (**G.-B.**)—Cause causit.

EME DE SAINT-JULLIEN. — Vinco dulcedine robur. — Vires dulcedine vinco.

ENFFANS DE GHYSSIGNIES (des). (**P.-B.**) — Virtuti, fidei. — Dat virtus in armis.

EON DE BEAUMONT. — Vigil et audax.

ERARD D'HELLENVILLIERS. (**DANEM.**) — Non griffum Danorum ducis Erardi, sed solum illius pedes trunco ligatos cernivimus.

ERASME. — Cedo nulli.

ERE. — *Ramillies !*

ERLACH. — Nasci, laborare, mori.

Erm. — Non sanguine parcus.

Erskine (comte de Buchan). (G.-B.) — Judge nought. = Marr (comte de). — Je pense plus. = Erskine (lord). — Trial by jury.

Ertborn. (P.-B.) — Spes mea Deus.

Escaillon. — *Beaumés !*

Escalin des Aimars. — Par moi seul.

Escauffours. — *Mancicourt !*

Esne *ou* Aisne. — Impavidi fuimus.

Espiennes. (P.-B.) — De spinis ad rosas.

Estouff de Milet de Mureault. — Auspicium in terris hæc domus habet; manet altera cœlis.

Estriché-Baracé. — Nullibi non victor et ovans.

Eternac. — *Main droite !*

Evans-Freke (baron Carbery). — Libertas.

Everts. (P.-B.) — Usque defendam.

Eynatten. — Enatent vel evolent.

Eyre (comte de Newburgh). (G.-B.) — Si je puis.

F.

Fagel. (P.-B.) — In recto decus.

Fages. — *Intacta !* — Regi fidelitatem lilia coronant.

Failly. — *Renty !*

Faiole. — Regi patriæque fidelis.

Fairfax (lord Fairfax). (G.-B.) — Fare, fac.

Faletans. — Une fois Faletans.

Fallet. — In spe.

Falcoz. — Semper in altum. = Falcoz de Maleval. — Ad quid venisti.

Fane (comte de Westmoreland). (G.-B.) — Ne vile fano.

Farnèse (Alexandre). — Hoc Jupiter ultor.

Farquhar. — Mente manuque.

Fassion. — Fulget et floret.

Fauconnière. — Quid est quod fuit.

Faux. — Tempus edax rerum.

Favre (barons de Peroges et d'Aiguebelette, seigneurs de Vaugelas et de Villaret). — Fermeté.

Favyn Mypont. — My pont difficile à passer.

Fay (du). — Faites bien et laissez dire.

Fayel (du). — Pietate et armis.

Fayolle. — Non ibi sed ubique. = **Fayolle la Tourne.** — Tendit ad gloriam.

Feilding (comte de Denbigh). (**G.-B.**) — Crescit sub pondere virtus.

Feillens. — *Valeur !*

Feillens (seigneurs de Channy et de Volagne). — En Dieu votre vouloir.

Felix du Moy. — Felices fuerent fideles.

Ferguson. — Dulcis ex asperis.

Ferrand. — Pro fide, pro rege, pro me.

Ferrari. (**Ital.**) — Ferrea raro rident.

Ferron. — Ferro cadit aurea messis.

Ferron du Chesne. — Sans tache.

Ferron de la Ferronnays. — In hoc ferro vinces.

Ferrus. — Fides perpetua.

Feschal. — Rien qui ne l'a.

Fettes. — Industria.

Ffrench (baron Ffrench). — Malo mori quam fœdari.

Fieffés. — Saint Paul camp d'Avaine.

Fiennes. — *Artois le noble!*

Fiennes-Pelham-Clinton (duc de Newcastle). — (G.-B.) Loyaulté n'a honte.

Finch (comte d'Ailesford). (G.-B.) — Aperto vivere voto.

Finch-Hatton (comte de Winchilsea). (G.-B.) — Nil conscire sibi.

Fisicat. — Res, non verba.

Fitzgerald (duc de Leinster). (G.-B.) — *Crom a boo!*

Fitzgibbon (comte de Clare). (G.-B.) — Nil admirari.

Fitz-Herbert (baron Saint-Helen's). (G.-B.) — Intaminatis honoribus.

Fitzroy (duc de Grafton). (G.-B.) — Et decus et pretium recti.

Fitzwilliam (comte de Fitzwilliam). (G.-B.) — Appetitus rationi pareat.

Flavines. — Le Leubantoeux.

Fleming. — Pax, copia, sapientia.

Fletcher. — Nec quærere nec spernere honores.

Fletcher. — Martis non cupidinis.

Flocquette. — *Griboval!*

Floris. — Florebunt et non deficient. — Flos et virtus.

Florisone. (P.-B.) — Nullus sine flore fructus.

Flotte de Saint-Martin. — Tout flotte.

Foix (Pierre cardinal de). — Servire Deo, regnare est. = Foix (duc de). — Longè levis aura feret. = Foix (Phœbus de). — Tocquoy si gaüses
Touches-y si tu l'oses.

═FOIX (comtes de). — *Notre Dame Bierne* ou *Béarn !*

FOLEY (baron Foley). (**G.-B.**) — Ut prosim.

FOLIN. — Folium ejus nunquam defluit.

FOLKES. — Qui sera sera. — Principiis obsta.

FONTANGES. — Tout ainsi Fontanges.

FORBES (baron Forbes). — Grâce me guide.

FORBES (comte de Granard). — Pax mentis, incendium gloriæ.

FORD. — Omnium rerum vicissitudo.

FORESTER (baron Forester). (**G.-B.**) — Semper eadem.

FORTESCUE (comte de Fortescue). (**G.-B.**) — Forte scutum salus ducum.

FORTIA-D'URBAN. — Turris fortissima virtus.

FOSSEZ (du). — Concordia victrix.

FOUCAULT. — Ores à eux.

FOUDRAS. — Sunt mihi in custodiam.

FOULLON. — Dieu le veut.

FOUQUET DE BELLISLE. — Quò non ascendam.

FOURC DE LANEAU (du). — Sunt gloriæ stimuli.

FOX-STRANGWAYS (comte d'Ilchester). (**G.-B.**) — Faire sans dire.

FOYAL. — Virtus addidit alas.

FRAMONT. — Vires dulcedine vinco.

FRASER (lord Saltoun). (**G.-B.**) — In God is all.

FRASER. — Je suis prêt.

FREEMAN-MITFORD (baron Redesdale). (**G.-B.**) — Æquabiliter et diligenter.

FREGOSE. — Ni matar me, ni espantar me.

FRÉMIOT. — Sic virtus super astra vehit.

FRESNAIS DE LEVIN. — Tutus sub ramis.

Fressies. — *Escaillon Denaing!*

Froulay. — Pro rege et pro fide.

Fugger-Babenhausen. (**All.**) — Gott und Maria.

Furstenberg. — Et si omnes, ego non.

Fyot. — En doubtant je m'assure. = Fyot d'Arbois (Jean). — Fines tuos Jano. = Fyot de Barain. (François). — Dum nascor fio, fioque dum morior.

G.

Gage (vicomte Gage). (**G.-B.**) — Courage sans peur.

Gagliano (princes de Torremuzza.) (**Ital.**) — Allicit et territ.

Gagne. — Recalcitrantem cogo.

Gaigne d'Ornée. — In me fel nullum. = Gaigne d'Ornée (Barthélemy). — Crespitantem excito.

Gaigneau de Chateaumorand. — Quò fata.

Gailhac. — Elle guide pour l'honneur.

Gaillard. — In excelsis.

Gaillard de Baccarat. — Deus et honos.

Gallean. — *Semper magis!* — Ab obice sævior ibit.

Gallien. — Præmium virtutis honos.

Galwey. — Vincit veritas.

Gamaches. — *Gamaches!*

Gamon. — Virtus in arduis.

Ganay. — Non rostro, non ungue, sed alis itur ad astra.

Gand de Mérode, de Montmorency, d'Isenghien de Mamines et de Villain XIV. — XIV! XIV! — Sans reproche. — Gand à Villain sans reproche.

GANTÈS D'ABLAINSVELLE. — Noble sang, noble cœur. — Sensere gigantes.

GARAGNOL. — Sursùm.

GARDNER (baron Gardner). — Valet anchora, virtus.

GASCOIGNE-CECIL (marquis et comte de Salisbury.) (**G.-B.**) — Sero, sed serio.

GAUCOURT. — *Gaucourt !*

GAUDE DE MARTAINVILLE — C'est mon plaisir.

GAUDOT DE MAUROY. — Partæ sunt mihi.

GAUTIER DE VALABRES. — Dedit æmula virtus.

GAVRE. (**P.-B.**) — Gavre au chapelet.

GAVRIER DE VERGENNES. — Recta ubique.

GAY. — En tous temps Gay.

GAYARDON. — Vincit Leo de tribu Juda.

GEARIE. — Chase.

GEELHAND. (**P.-B.**) — Animo et fortitudine.

GEEN. (**P.-B.**) — Fidelis gratusque.

GEER. (**P.-B.**) — Non sans cause.

GENLIS. — *Voyez* SILLERY.

GENTIL. — Du cœur de Gentil.

GERARD. — En Dieu est mon espérance.

GERARD DE MIELET VAN COEHOORN. (**P.-B.**) — Faire que devra, avienne que pourra.

GERBAIS. — Si n'estoit.

GERICKE VAN HERWYNEN. (**P.-B.**) — Labore, constantia, integritate.

GERVAIS. — G. G. G. (Generose Gerit Gervasius).

GEVAERTS. (**P.-B.**) — Per tot discrimina rerum.

GÉVAUDAN. — Cruci regique fidelis.

Gevers. (P.-B.) —Hora ruit. — Semper idem. =
Gevers Deynoot. — Constans ac fortis.

Giac (le maréchal de). — Dieu garde le pèlerin.

Gibbes. — Tenax propositi.

Gibertès. — Præmia martis.

Gibon du Couedic. — Semen ab alto.

Gifford (baron Gifford). — Non sine numine.

Gilbert Colonges. — Le dessein en est pris.

Gilier. — Fortitudine et humilitate.

Gilles. (P.-B.) — In æternum non commovebi-
tur.

Gilles (Nicole). — Ung Dieu, une loy, une foy.

Gillon. — Descordes !

Ginestous. — Stabit atque florebit.

Ginkel (comte d'Athlone). (G.-B.)—Malo mori quàm
fœdari.

Girard du Demaine. — Crux, decus et spes.

Giraud. — De près, de loin.

Glarges. — Montigny au bélier !

Gléon. — Au seigneur de Gléon ! — Assez prie qui
se complainte.

Glutz-Blozheim. — Fortiter et suaviter.

Glynn. — Firm to my trust.

Goazouhallé. — Ober ha tevel.

Goderie. — Graincourt Saint-Haubert !

Godin. — Hordaing le sénéchal !

Goethals. (P.-B.) — In als Goet.

Gillon van Basseghem. (P.-B.)— Cordes ! Cordes ! =
Gillon de Gœmaringhe. (Même cri).

Gognies. — Boussoy !

GOHORY DE LA TOUR. — Spiritus et cor.

GOISLARD. — Æstrœa et placidas, spargit acerba rosas.

GOMBERT. — Stabunt, me custode.

GONDY (duc de Retz). — Non sine labore.

GONTAUT-BIRON. — Perit sed in armis. — Crede Biron.

GONTHIER. — Amour sans crainte.

GOOCH. — Fide et virtute.

GOOLD. — Deus mihi providebit.

GORDON (comte d'Aberdeen). (G.-B.) — Fortuna sequatur. = GORDON (comte d'Aboyne, baron Abeldram). — Stant cœtera ligno. = GORDON (duc de Gordon, comte d'Inverness). — Animo non astutia. = GORDON (vicomte de Kenmure). — Dread God.

GORE (comte d'Arran). G.-B.) — In hoc signo vinces.

GORMIGNEY. — En attendant mieux.

GORREVOD (duc de Pont-de-Vaux, marquis de Marnay). — Pour à jamais.

GOTHO ou GOTTO. — Ab ortu ad occasum.

GOUAY. — Unguibus nec rostro sed alis.

GOUGH-CALTHORPE (baron Calthorpe). (G.-B.) — Gradu diverso, via una.

GOUJON DE THUISY. — Sans mal penser.

GOULAINE. — A celui-ci, à celui-là, je donne la couronne.

GOUNONCOURT. — P. M. Q. F.

GOURIO. — Dieu me tue.

GOYON DE MATIGNON. — *Liesse à Matignon!*

GOZON. — Le vainqueur du dragon.

Gozzadini. (**Bologne**). — Requies mea.

Graham. (**G.-B.**) — Reason contents me.

Graham (baron de Lynedoch). (**G.-B.**) — Candidè, ò sincerè.

Graham (duc, marquis, comte de Montrose). (**G.-B.**) — Ne oubliez.

Grammont. — Lo soy que soy.

Grammont de Vachères. — A resistente coronor.

Grandpré. — Animus imperat.

Granson. — A petite cloche, grand son.

Grant-Ogilvie (comte de Seafield). (**G.-B.**) — Stand fast.

Graincourt. — *Saint-Haubert !*

Granvelle (le cardinal de). — Constanter.

Gras. — Volabunt et non deficient, altiora petens.

Grasse. — Pro me, Domine, responde.

Grasse. (**Dauphiné.**) — Bonne renommée.

Grattet. — Tout à tous.

Gratz. — Stat fortis in arduis.

Graves (lord Graves, baron de Gravesend.) (**G.-B.**) — Aquila non captat muscas.

Gray (lord Gray.) (**G.-B.**) — Anchor fast anchor.

Grebert. — *Haucourt !*

Green. — Æquam servare mentem.

Grégoire de la Gache. — Sans s'endormir.

Grenu. — O Dieu, tu me vois Grenu.

Gresley. — Melior fide quam fortuna.

Greville (comte de Brooke et de Warwick.)(**G.-B.**) — Vix ea nostra voco.

Grey (comte Grey). (**G.-B.**) —De bon vouloir servir le roy.

Grey (comte de Stamford et de Warrington). (**G.-B.**) — A ma puissance.

Grez. (**P.-B.**) — Utinam citius.

Gribaldi. — Plus penser que dire pour parvenir.

Grignart de Champsavoy. — Spes mea.

Grille. — Nititur in vetitum.

Grimaldi (prince de Monaco). — Deo juvante.

Grimaud-Becque. — Intrepidè.

Grimstom (comte de Verulam). (**G.-B.**) — Mediocra firma.

Groenincx van Zoelen van Ridderkerk. (**P.-B.**) — Patriæ haud segnis.

Grolée. — *Je suis Grolée!* — Format regendo coronas, ou Assai avanza chi fortuna passa. = Louis de Grolée. — Remigiis utar, si non afflaverit aura.=Aymon de Grolée.—Turbant sed extollunt.

Gros. — Utinam !

Grosvenor (marquis de Westminster). (**G.-B.**)—Nobilitatis virtus, non stemma, character.

Gruel. — Vigilantia.

Guay (du). — Fidelis et audax.

Guay-Trouyn (du). — Dedit hæc insignia virtus.

Guébriant. — Dieu y pourvoira.

Guengat. — Trésor.

Guer. — Sine macula.

Guérin. — In trino omnia, et uno.

Guernizac. — Ped brebet.

Guesnet. — Tutissima lorica virtus.

Guicaznon. — Dieu me tue.

Guichenon a Bourg. — Fidelis præmia pennæ.

Guiffrey de Boutières. — Huic quid obstat.

Guignard de Saint-Priest. — Fort et ferme.

Guillaumanches de Boscage. — *Guillaumanches !* —
— Nunquam jugatus. — Indocilis jugum pati. —
Indomitus ferit.

Guion. — Vis unita fit fortior.

Guiramand de Sadolet. — C'est un abîme.

Guise. — Ⓐ Chacun a son tour. — Undique terror.

Guiton. — Dieu aye.

Gunning. — Imperio regit unus æquo.

H.

Hackiana. — Movendo.

Haersolte. (**P.-B.**) — Omnia tempus habet.

Halanzy. — A ma valeur.

Hales. — Vis uniti fortior.

Hamel (du). (**Flandres**). — *Escaillon Denaing !*

Hamel. — A toute heure.

Hamel-Bellenglise - de - Grand - Rullecourt (de).
(**Artois**). — Qui s'y frotte s'y pique.

Hamelaincourt. — Séchelles.

Hamilton (baron Belhaven et Stenton). (**G.-B.**) —
Ride through.

Hamilton (vicomte Boyne). (**G.-B.**) — *Through !* —
Nec timeo, nec sperno. = Hamilton (marquis
d'Abercorn). — *Through !* — Sola nobilitas, virtus. =

HAMILTON (duc d'Hamilton, de Brandon, marquis de Douglas et de Clydesdale, comte d'Angus, d'Arran et de Lanark, lord Mancashire, baron Dutton). — *Through!* = HAMILTON. — *Through!*

HAMILTON (comte d'Haddington). (**G.-B.**) — Præsto et persto.

HAMON DE BOUVET. — En bon espoir.

HAMPSON. — Nunc aut nunquam.

HANDCOCK (vicomte Castlemaine). (**G.-B.**) — Vigilate et orate.

HANE. (**P.-B.**) — A Deo et rege.

HANGEST. — *Hangest!*

HANMER. — Garde l'honneur.

HARBORD (baron Suffield). (**G.-B.**) — Equanimiter.

HARCHIES. — *Esterpy!*

HARCOURT. — Pour ma défense. = HARCOURT (chevalier d'). — Hinc lumen, hinc fulmina.

HARDENBROEK. (**P.-B.**) — Semper idem.

HARDOUIN DE PEREFIXE DE BEAUMONT. — Usque ardent fixa nec errant.

HARE (comte de Listowel). (**G.-B.**) — Odi profanum.

HARENC DE LA CONDAMINE. — Nul bien sans peine.

HARLEY (comte d'Oxford et de Mortimer). (**G.-B.**) — Virtute et fide.

HARRINGTON. — Nodo firmo.

HARRIS (baron Harris). (**G.-B.**) — Hydery — My prince and my country. = HARRIS (comte de Malmesbury). — Je maintiendrai. — Ubique patriam reminisci.

HARVEY-HAWKE (lord Hawke). (**G.-B.**) — Strike.

HASPRES. — *Wallaincourt!*

HASTINGS (comte de Huntingdon). (**G.-B.**) — In veritate victoria.

HASTINGS. (**G.-B.**) — Vincit veritas.

HATZFELD. — Virtus et honos.

HAUCHIN. — *Montigny Saint-Cristophe!*

HAUCOURT. — *Wallaincourt!*

HAUSSY. — *Haussy!*

HAUTEFORT. — *Altus et fortis!* — Force ne peut vaincre peine.

HAUTIER DE VILLEMONTÉE. — Nec dura nec aspera terrent.

HAY. (**G.-B.**)— Serva jugum.= HAY (comte de Tweeddale et de Gifford). —Spare nought. = HAY-CARR (comte d'Errol). —Serva jugum. = HAY-DRUMMOND (comte de Kinnoul). — Renovate animos.

HEAD. (**G.-B.**) — Study quiet.

HÉDOUVILLE. — Totum pro Deo et rege.

HELDEWIER. (**P.-B.**) — Pietas ante omnia.

HEMERY DE BEAULIEU. — Antiqua fortis virtute.

HEMRICOURT DE GRUNNE. (**P.-B.**) —*Hemricourt!*— La foy, la loy et le roy.

HENIN DE CUVILLERS. — Nihil agere pœnitendum.

HENLEY (baron Henley). (**G.-B.**) — Si sit prudentia.

HENNEQUIN. — Coronabo.

HENNIKER-MAJOR (baron Henniker). (**G.-B.**) — Deus major columna.

HENRY DE BOHAL. — Potius mori quam fœdari.

Henry de Jarniost. — Dedit illi nomen quod est super omne nomen.

Henry de la Motte. — Toujours en ris, jamais en pleurs.

Héral. — Neque Caribs, neque Scylla.

Herbert (comte de Carnarvon). (**G.-B.**) — Ung je serviray. = **Herbert** (comte de Pembroke et de Montgommery.) — Même devise.

Héron. — Ardua petit ardea.

Hersart du Buron. — Evertit et æquat.

Hertaing. — *Dubois de Hove !*

Hervey (marquis et comte de Bristol). (**G.-B.**) — Je n'oublieray jamais.

Hesecques de Héricourt. — A jamais Hésecques.

Hesilrigge. — Pro aris et focis.

Hewet. — Ne te quæsiveris extra.

Hewitt (vicomte et baron Lifford). (**G.-B.**) — Be just and fear not.

Hierosme. — Suavior.

Hildyard. — Πλεον ημισυ παντος.

Hill (baron Hill). (**G.-B.**) — *Avancez !*

Hill (marquis de Downshire). (**G.-B.**) — Per Deum et ferrum obtinui.

Hillary. — Virtuti nil invium.

Hinoiosa. — Deus clypeus meus.

Hippisley. (**G.-B.**) — Amicitiæ virtutisque fœdus. = **Hippisley de Yatton.** — Non mihi sed patriæ.

Hoeufft. (**P.-B.**) — Optimus quisque nobilissimus.

Hœvender (**P.-B.**) — Nil volentibus arduum.

Hogendorp. (**P.-B.**) — Ne Jupiter quidem omnibus.
  = Hogendorp van Hofwegen. — Même devise.

Hoghton. — Malgré le tort.

Hohenlohe. — Ex flammis orior.

Holmberg de Beckfelt. — Fidèle à mon devoir.

Holroyd (comte de Sheffield). (**G.-B.**) — Quem te
  Deus esse jussit.

Holvoet. (**P.-B.**) — Malo mori quam maculari.

Homan. — Homo sum.

Honnecourt. — *Oisy !*

Honywood. (**G.-B.**) — Omne bonum desuper.

Hood (vicomte Hood). (**G.-B.**) — Ventis secundis. =
  Bridport (baron de). — Steady.

Hooke de l'Etang. — Signa fortium.

Hoorn van Burgh. (**P.-B.**) — Electus a Deo bea-
  tus.

Hope (comte d'Hopetoun). (**G.-B.**) — At spes non
  fracta.

Horeal. — Semper virtute. = Horeal (Joseph de).
  — Laus Deo !

Horsley-Beresford (baron Decies). (**G.-B.**) — Nil
  nisi cruce.

Hotham (baron Hotham). (**G.-B.**) — Lead on.

Houx de Vioménil. — Toujours fidèle à l'honneur.

Howard (comte de Carlisle). (**G.-B.**) — Volo, non
  valeo. = Howard (lord Howard). — Virtus mille
  scuta. = Howard (duc de Norfolk). — Sola virtus
  invicta. = Howard (comte de Suffolk et de Berk-

shire). — Nous maintiendrons. = Howard (comte de Wicklow). — Servire Deo et lætare.

Howell-Thurlow (baron Thurlow). (G.-B.) — Quo fata vocant.

Hozier de Serigny. — Et habet sua sidera tellus.

Hughes (baron Dinorben). (G.-B.) — Rhad duw a rhyddid.

Huguet de Sémonville. — Candor et robur.

Huldenberghe van der Borch. (P.-B.) — Micat labore aurum.

Hume. (G.-B.) — True to the end.

Hume de Cherizy. — Fidèle jusqu'au bout.

Huraut de Cheverny. — Certat majoribus astris.

Hurtado de Mendoça (duc de l'Infantado). (Esp.) — Ave Maria, gratia plena.

Hutchinson (comte de Donoughmore). (G.-B.) — Fortiter gerit crucem.

Hutteau d'Origny. — Deo et regi fides impavida.

Huughe. (P.-B.) — Nosce te ipsum.

I.

Ibbetson. — Vixi liber et morior.

Iddekinge. (P.-B.) — Fide sed cui vide.

Imbijze van Batenburg. (P.-B.) — Sobrie, vigilanter.

Inglis. — Recte faciendo securus.

Imbert de la Platière. — Nescit labi virtus.

Inguimbert. — Firmantur ab astris.

Innes-Kerr (duc et comte de Roxburgh. (G.-B.) — Pro Christo et patria, dulce periculum.

Irby (lord Boston.) (**G.-B.**) — Honor fidelitatis præmium.

Isham. (**G.-B.**) — Ostendo, non ostento. — On things 𝑤 𝑐𝑖
transitory resteth no glory.

Isle (de l'). — *Frayes Phalempin!*

Isnard. — Si approchez, elles piquent. — Lastimar ꭓ 𝑛𝑜
apretadas.

J.

Jacob. — **Parta tuere.**

Jacob de la Cottière. — Soin et valeur.

Jacobsen de la Crosnière. — Wyselick Vromelyck.

James. — J'ayme a jamais.

Jassaud. — Lux et virtus meæ.

Jannel. — Galas suorum strage fugatur. — J'ai en
elle confiance.

Jas. — *Rochechouart!*

Jenkinson (comte de Liverpool). (**G.-B.**) — Palma
non sine pulvere.

Jerningham. (**G.-B.**) — Virtus basis vitæ.

Jervis (vicomte Saint-Vincent). (**G.-B.**) — Thus.

Jocelyn (comte de Roden). (**G.-B.**) — Faire mon devoir.

Johnson. (**G.-B.**) — Deo regique debeo.

Joinville. — *Joinville!*

Joly. — Magnus amoris amor. = Joly de Cintré.
— Toujours serai.

Joly de Maizeroy. — Cœlo tuta quies.

Joly de Choin et de Lyarens de Danges et de Chail-
louvres. — A Domino factum est istud.

Jones (vicomte Ranelagh). (**G.-B.**) — Cœlitùs mihi vires.

Jones. (**G.-B.**) — Deus pascit corvos.

Joos de ter Beerst (**P.-B.**) — Fidelitas mea lex.

Jossé-Lauvrains. — Fulmina, si cessant, me tamen urit amor.

Jouenne d'Esgrigny. — In hoc signo vinces. — Pius et fidelis.

Jouffrey. — Luis en croissant.

Jourdain. — Servire Deo, regnare est.

Jourdan (le maréchal). — **J. B. J.** (Jean-Baptiste Jourdan).

Jovyac. — Fais bien et laisse dire.

Jubié. — Illorum ope hæc dilata Gallia.

Juch. — La Nonpareille.

Juigné. — *Battons et abattons!* — Ad alta.

Jupilles. — Utinam virtus tenet juncta nobili animo mente.

K.

Kabylinn. — Deus, honor et gloria.

Karuel. — Omnia nobis prospera.

Kay. — Scuto divino.

Kaye. — Kynd, Kynn, Knaune, Kepe.

Keith-Falconer (comte de Kintore). (**G.-B.**) — Quæ amissa salva.

Kellet. — Auxilium ab alto.

Kempenaar. (**P.-B.**) — Fides socia viri.

Kennedy (marquis et baron d'Ailsa). (**G.-B.**) — Avisez la fin.

Kenyon (baron de Gredington). (**G.-B.**) — Magna-
nimiter crucem sustine.

Keppel (comte d'Albemarle). (**G.-B.**) — Ne cede malis.

Ker (marquis et comte de Lothian). (**G.-B.**) — Sero,
sed serio.

Keraeret. — Pa elly.

Kerancouat. — *Défends-toi !*

Kerangouez. — Mutoudez.

Keranguen. — Luca euez.

Keratry. — Gens de bien passent partout.

Kerautret. — *Marthezé !*

Kerckhove (**P.-B.**) — Endurer pour durer.

Kerempuil. — Qui est Saesi est fort.

Kergariou. — Là où ailleurs.

Kergoet. — Si Dieu plaist.

Kergorlay. — Honor et patria. — Aide-toi, Kergorlay, le ciel t'aidera.

Kergournadec. — *Voyez* Kerhoent de Kergournadec.

Kergoz. — M qui T'M. (Aime qui t'aime).

Kergroadez. — En bon espoir.

Kergroas. — En bonne heure.

Kerguelen. — Vert en tout temps.

Kerhoent du Boisruault. — Sur mon honneur ! =
Kerhoent de Coetenfao. — En Dieu est. =
Kerhoent de Kergournadec. — En Dieu est. =
Kerhoent de Locmaria. — Dieu soit loué !

Kerliver. — Meilleur que beau.

Kerliviry. — Youl Doë.

Kerloaguen. — Sans effroy.

KERMAN. — *Voyez* KERMAVAN.

KERMARTIN. — A tous dix.

KERMAVAN ou CARMEN. — Diex avant.

KERMENGUY. — Tout pour le mieux.

KEROAS. — Ardius superiores.

KEROUSY. — Pour le mieux.

KEROUARTZ. — Tout en l'honneur de Dieu.

KEROUSERÉ. — Laisse faire. — List !

KERRET. — Tevel hac ober.

KERSAINT. — *Voyez* LE CHAT DE KERSAINT.

KERSALIOU. — Tout pour Dieu.

KING (baron Ockham.) (**G.-B.**) — Prest pour mon pays.

KING (comte de Kingston.) (**G.-B.**) — Spes tutissima cœlis. = KING (vicomte de Lorton). — Même devise.

KINGSMILL. (**G.-B.**) — Do well, doubt not.

KLERCK (**P.-B.**) — Fidelis regi patriæque.

KNATCHBULL. — In crucifixa gloria mea.

KNOWLES. — Semper paratus.

KNOX (comte de Ranfurly.) (**G.-B.**) — Moveo et proficior.

KNYFF (**P.-B.**) — Ad astra per arcem.

L.

LABAIG DE VIALLA. — In recto perstare semper.

LA BALME. — Éternité.

LA BALME DES MARES. — Sans espoir.

LA BARRE DE FLANDRE. (**P.-B.**) — Tout pour l'honneur.

La Baume Montrevel. — *La Baume !* = La Baume
Pluvinel. — L'honneur guide mes pas.

La Baume-Suze. — Dulce et decorum est.

La Bedollière. — *Voyez* Bellefonds Gigault (de).

Labina de Baussen. — Deo et regi.

La Bouexière. — Tout en paix.

Labroue. — In manibus Domini sors mea. — Cum
virtute nobilitas.

Lacger de Camplong. — A mon honneur.

Lachatre. — *A l'attrait des bons chevaliers !* — Gloriæ
et amori.

La Cotterie. — Soin et valeur.

La Cour. — Discite justitiam moniti.

La Croix (Edme de), abbé de Citeaux. — Munditia
et labore.

La Croix-Chevrières. — *Guerre ! Guerre !* — Indo-
mitum domuère cruces. — Victricia signa secutus.
= La Croix de Sayve. — Même devise.

Lacroix de Tonignan. — A cruce salus.

Ladouve. — *Saint-Aubert !*

La Fare de la Salle. — Lux nostris, hostibus
ignis.

La Ferté. — C'est pour bien.

La Fons. — Aut mors, aut vita decora.

La Font. — J'irai sonner jusque dans les cieux.

La Forêt Divonne. — Tout au travers.

La Foret de Goasven. — Point gesnant, point gesné.

La Forey. — Loyal ou mort.

La Grange. — In spe et consilio. — Pierre de La-
grange. — Conscientia et fama.

La Gruthuse. — Plus est en vous Gruthuse.

La Guiche. — Au plus haut.

Lahouze de Basquiat. — At avis et armis.

L'Aigue. — En arrosant.

Laisné. — Sine macula, *ou* Unica, unicam relinquo.

Laizer de Siaugeat. — At avis et armis.

Lake. — Un Dieu, un roi, un cœur.

Lalaing. — *Croisilles!* — Sans reproche. = Lalaing (Charles de). — Aultre ne quiert.

La Lance de Moranville. — Hac virtutis.

Lalis-Maraval. — Virtutis ingenuitas comes.

Lally-Tolendal. — Just and vallant. — Intaminatis fulget honoribus.

La Mallardière. — Cedatur feriens.

Lamb (vicomte Melbourne). (**G.-B.**)— Virtute et fide.

Lambert. — Seguitando si giunge.

Lambron de Lignim. — Tenax in suâ fide.

Lambton (comte de Durham). (**G.-B.**) — Le jour viendra.

La Meilleraye. — Portarum claustra revellit.

Lameth. — Sans redire, *ou* Nocuit differe paratis.

Lamire (seigneur de Caumont, de Houvion et de Bachimont). — Virtutis regula miræ.

Lamothe-Baracé. — Lenitatis fortitudo comes.

Lamothe. — In tenebris adest.

La Mothe. — Tout ou rien.

La Moussaye. — *Honneur à Moussaye!*

Landi de Valdetaro. — Fidelitas.

L'Ange. — Hac ad illam.— Nomine l'Ange et omine.

Langham. — Nec sinit esse feros.

L'Anglade. — Faisons bien, laissons dire.

Lannion. — *Prementem pungo.*

Lannois. — Votre plaisir.

Lannoy de Sulmone. — *Me quod urit insequor.*

La Noue. — *Amor et fides.*

Lanrivinen. — Espoir me conforte.

Lantin. — *Nec fallere nec falli.*

Lantivy. — Qui désire n'a repos.

La Palu. — *Eh! Dieu, aydez-moy!*

La Poippe. — *Nec temerè, nec timidè.*

La Poix de Fréminville. — *En avant!*

La Porte. — Pour elle tout mon sang.

Laporte. — *Auspicium in terris hæc domus habet, manet altera cœlis.*

Laplanche. — *Fiennes!*

Lardenois de Ville. — Franc et loyal.

La Rivière. — *Nodos virtute resolvo.*

La Roche. (Bourgogne.) — *Sublimi feriam sidera vertice.*

La Roche. — *Lassus firmius figit pedem.*

Laroche-Fermoi. — *Valore et virtute.*

La Roche-Fontenilles. — *Guyenne! Guyenne!*

Larochefoucault. — C'est mon plaisir.

La Rochejacquelein. — *Voyez* du Verger de La Rochejacquelein.

La Rochelambert. — Amour ou guerre. — Ni crainte ni envie. — *Vale me Dios.*

La Rochette. — Franc et leal.

La Rodde. — *Audaces fortuna juvat.*

Lascaris. — *Lascarorum felicitati.*

Lascazes. — *Semper paratus.*

Lascelles (comte de Harewood.) (**G.-B.**) — In Deo
solo salus.

Latour du Pin.— Courage et loyauté. — Turris fortitudo mea.

La Tour (Henri de) (duc de Bouillon.) — Dant ad-
versa decus.

La Tour-Taxis. — Perpetua fide.

Latour (comte de Boulogne). — *Latour Bertrand !*

La Trémouille. — *La Trémouille !* — Sans sortir de
l'ornière. = La Trémouille (Jean de). — Ne
m'oubliez.

Lattier. — Pour trois. = Branche de Bayonne : La
foy, le roy, la loy.

Laugier de Beaurecueil. — Vicit Leo.

Laumònier. — Le pauvre désire Laumònier.

Laurencin de Chanzé. — Lux in tenebris. — Post
tenebras spero lucem.

Laurières (marquis de Pompadour).—Majores donec
superem.

Lauta Van Aysma. (**P.-B.**) — Antiqua virtute ac
fide.

Lautrec (Odet de Foix).— Dove é gran fuoco è gran
fumo.

Lauwereyns. — *Diepenhede ! Diepenhede !* — Ad lau-
rum non aurum. = Lauwereyns de Diepenhede
de Roosendaele.—*Diepenhede !*—At avis et armis.

Laval. — Spes mea crux et amor. — Pour une autre, non.

Lavalette. — Plusquàm valor, valete valet. =

6*

Louis de Lavalette (duc d'Épernon). — Clarius a
in adversis.

La Verne. — Vernum tempus.

La Ville de Ferrolles des Dorides. — Tiens ta
foi.

Law (baron Ellenborough). (G.-B.) — Compositum
jus fasque animi. — Law and equity.

Law de Lauriston. — Nec obscura, nec ima.

Lawless. (G.-B.) — Virtute et numine.

Lawson. (G.-B.) — Lève et reluis.

Laze. — Paix à Laze.

Le Bascle d'Argenteuil. — Sine macula, macla..

Le Blanc du Percy. — L'honneur guide mes pas.

Leborgne (baron du Pin). — Monstrat virtus honorem.

Le Bourgeois de Tournai. — Reddite Deo et
Cæsari.

Le Breuil. — Cœlare divinum opus.

Le Carlier de Herly. — *Buenne vendegies !*

Le Chat de Kersaint. — Mauvais chat, mauvais
rat.

Le Clément de Saint-Marcq. — Clémence et vaillance.

Leclerc. — Charitas !

Leclerc. (Flandres). — *Bernemicourt !*

Le Clerc de Franconville. — Tu tibi sis ipse fortuna.— Susceptum perfice munus.

Lecointe de Marcillac. — Merces exercituum.

Le Compasseur. — Cuncta adamussim.

Le Divezat. — Spera in Deo.

Ledoynée. — *Descordes !*

Lee. — Verum atque decens.

Lees. — Exegi.

Leeson (comte de Millown). (**G.-B.**) — Clarior e tenebris.

Lefebure. — Animo forti nil forte. — Hodie mihi, cras tibi.

Lefebvre. — Etiam industria nobilitas.

Lefevre-Graintheville. — *A l'éclat des Roses !* — Nihil lilia sine cruce. = **Lefèvre de la Maillardière.** — Cedatur feriense. = **Lefèvre de la Fautradière de Beaufort.** — Dedit hæc insignia virtus.

Lefébure de la Donchamps. — Volabunt et non deficient.

Leforestier. — Fortis et fidelis.

Legard. — Per crucem ad stellas.

Legge (comte et baron de Dartmouth.) (**G.-B.**)— Gaudet tutamine virtus.

Le Goux (Pierre). — Inflexus stimulis omnibus.

Legrand. — In variis nunquam varius.

Le Gris. — Avec le temps.

Le Hardy. — Nec leporem feroces procreant imbellem leones.

Leicester. (**G.-B.**) — Tu Domine, gloria mea.

Leighton. (**G.-B.**) — Dread shame.

Leigonye de Rangouge. — Virtus et honor.

Leiningen. — Gott thut retten.

Lejeune de la Furjonière. — Nul ne s'y frotte.

Lejeune de Malherbe. — In adversis clarius.

Lelimonier de la Marche. — Fortes creantur fortibus.

Lely van Oudewater. (**P.-B.**). — Ab altissimo sunt mea vestimenta plus quam regia.

Lemaitre de Ferrières. — Angor et ango.

Le Marant. — Bonâ voluntate.

Le Marchant de Caligny. — Nostri servabit odorem.

Lemaye de Moyseaux. — Querens anima jovi.

Lemps. — Le temps j'attends.

Lemyre. — Quievi.

Lenfernat. — Qui fait bien, l'enfer n'a.

Lennox (duc de Lennox et de Richemond). — En la rose je fleuris.

Lenoir de la Roche. — Albor latet.

Lenoncourt. — *Lenoncourt !*

Lentilhac. — Non lentus in armis.

Le Ny. — Humble et loyal.

Le Pelletier de Glatigny. — Fidelis et audax.

Le Plastre. — Non est mortale quod opto.

Le-Poer-Trench (comte de Clancarty). (**G.-B.**) — Consilio et prudentia. — Huesden huesden.

Le Prevost d'Iray. — Votum Deo regique vovit.

Le Royer de la Sauvagère. — Pro fide et patria.

Lescouet. — Maquit mad.

Lescours. — Regi suo semper fidelis.

Lesdiguières (François de Bonne). — Frangit inaccessa. — Penne nido majores. = Lesdiguières (Bonne de). — Nul ne s'y frotte.

Le Sens de Folleville. — Fides sanctificavit.

Leslie (comte de Leven et de Melville). (**G.-B.**) —

Pro rege et patria. = LESLIE (comte de Rothes). — Grip fast !

LESPINASSE. — Sans chimères et sans reproches.

L'ESPINE. — Decus et tutamen.

LESTRANGE. — Vis virtutem fovet.

LESVAL. — Stat virtus nixa fide.

LETELLIER DE SOUVRÉ (marquis de Louvois). — Melius frangi quam flecti. = Le ministre de Louvois : Ut te soli explicit uni.

LETHBRIDGE. (G.-B.) — Spes mea in Deo.

LETONNELIER DE BRETEUIL. — Nec penà nec metu.

LEUCHTENBERG. — Autre ne se sert.

LEURIOT. — Coulet Roucy.

LEUSSE. — Credula turba sumus.

LEVAL. — Eadem mensura.

LEVAVASSEUR (seigneur d'Hiéville et de Cerisy). — Fortis et prudens.

LE VAYER. — Omnibus carus. = LE VAYER DE VANTEVIL. — Même devise.

LEVESON-GOWER (comte de Granville). (G.-B.) — Frangas non flectes. = LEVESON (duc de Sutherland). — Même devise.

LEVIS. — Dieu aide au second chrétien. — Duris dura Frango. — Inania Pello.

LE VOYER D'ARGENSON (marquis de Paulmy)— Major fama.

L'HERMITE (Tristan). — Prier vaut à l'hermite.

L'HOMME DE VERCLOSE. — L'homme sois homme.

L'HOSPITAL. — Semper vigil.

LIANCOURT. — *Liancourt !* — Liancourt invincible.

LIDDELL (baron de Ravensworth). (**G.-B.**) — Unus et idem. = LIDDELL. — Fama semper vivit.

LIEVIN-FAMAY. — *Saint-Aubert !* — Cambraisis?

LIGNIÈRES. — *Lignières !*

LILLEBONNE. — Noliem cessisse minore. — La Corro.

LIMOSIN DALHEIM. — Fortes creantur fortibus.

LINDSAY (comte de Balcarres). (**G.-B.**) — Astra castra, numen lumen.

LIONNE DE LEISSENS. — Scandit fastigia virtus. — Impavidus sursùm vigilat.

LIOTAUD DU SERRE. — Signavit per orbem.

LIPPINCOTT. — Secundis, dubiisque rectus.

LISTER (baron de Riblesdale.) (**G.-B.**) — Retinens vestigia famæ.

LITTELTON. (**G.-B.**) — Ung Dieu et ung roy. = LITTELTON (baron de Littelton). — Même devise.

LITTLEHALES. (**G.-B.**) — Finis coronat opus.

LIVISTON. (**G.-B.**) — Si je puis.

LLOYD (baron Mostyn). (**G.-B.**) — Heb ddûw Heb ddiny DDûwadygam. = LLOYD. — Même devise.

LOBKOWITZ. — Popel sem, popel budu.

LOCKHART. — Corda serata pando. — Semper paratus pugnare pro patria.

LOCMARIA. — *Voyez* KERHOENT DE LOCMARIA.

LOEWENSTEIN-WERTHEIM. — Constantia et prudentia.

LOFTUS (marquis et comte d'Ely.) — Loyal à la mort. — Prends-moi tel que je suis.

LOISIER (Jean), abbé de Cîteaux. — Dita servata fide.

LONG (baron Farnborough.) (**G.-B.**) — Ingenuas suscipit artes.

Longueval-Bucquoy. — *Dragon!*

Longueville. — Arcentque domantque.

Longvy (le cardinal de Givry de). — Abundantia diligentibus.

Lonsart. — *Cambraisis !*

Lopez de Haro (don Diégo). — (**Esp.**)

> D'un dolor que Dios os guarde
> Fue cerrada à questa puerta
> Quando esperança fue muerta.

Loraine (baronet). (**G.-B.**)—Lauro scutoque resurgo.

Loras. — Un jour l'auras.

Lort de Serignan. — Quò non ascendam.

Louis. (**G.-B.**)— Saint-Domingo. — In canopo ut ad canopum.

Lourdet. — Labor omnia vincit.

Louvart de Pontlevoye. — Fortis fortiori cedit.

Louvat. — Lupus in fabula.

Lowry-Corry (comte de Belmore). (**G.-B.**) — Virtus semper viridis.

Lambart (comte et baron de Cavan). (**G.-B.**)—Ut quocumque paratus.

Lowther (comte de Lousdale).(**G.-B.**)— Magistratus indicat virum.

Loysie. — Tout à Loisy.

Loz. — *Loz !*

Lubersac. — In præliis promptus.

Lubomirski. — Patriam versus.

Lucinge. — Usquequò.

Ludlow (comte Ludlow). (**G.-B.**) — Spero infestis, metuo secundis.

Lugnys. — Le content est riche.

Lumley-Saville (comte de Scarborough). (G.-B.)— -
Murus æneus, conscientia sana.

Lunaret. — Semper fidelis.

Luxembourg. — Votre veuil. = Louis de Luxembourg. — Obstantia nubila solvet. = Jean de
Luxembourg (sire de Beauvoir). — Nemo ad im-
possibile tenetur. = Jean de Luxembourg Hau-
bourdin. — J'y entrerai, si le soleil y entre.

Luyrieux. — Belle sans blâme.

Lyle-Callian. — An X, May.

Lymare Charbonnier. — De charbon chevance.

Lynch. — Semper fidelis.

Lyobard. — Pensez-y belles, fiez-vous y. = Lyobard (René de) (seigneur de Chastellard et ses
frères Claude, trésorier de l'ordre de Malte, et
George). — Toga, religione et armis.

Lyon-Bowes (comte de Strathmore et de Kinghorn).
(G.-B.) — In te domine speravi.

Lyons. — Ex genere et virtute Leones.

Lysaght (baron Lisle). (G.-B.)—Bella, horrida bella.

M.

Macdonald (duc de Tarente.) — My hope is constant
in thee.

Macheco de Prémeaux. — J'ai bon bec et bon
ongle.

Machiavelli (Vincent). — Quanto si mostra men,
tanto è piu bella.

MACIP. — Sicut cervus desiderat ad fontes aquarum, ita anima mea ad te, Deus.

MACKAY (lord Reay). (**G.-B.**) — Manu forte.

MACKENZIE (baronet). — In utrumque paratus.

MACKWORTH (baronet). — Gwell angan na Chywyld.

MACPHERSON. — Sic narravère bardi.

MACQUART. — Consilio et virtute.

MADEC. — Nullis perterrita monstris.

MAGALOTTI. (**ITAL.**) — Libertas !

MAGDEBOURG (DANIEL, archevêque de). — Pudeat nos perdidisse diem.

MAGNIN DU COLLET. — Sans luy, rien.

MAHON (baron Hartland). (**G.-B.**) — Periculum fortitudine evasi.

MAILLAC. — Fides mea salvum fecit.

MAILLANS. — Ξωντε θανατε.

MAILLART DE KANDREVILLE. — Etiam nascendo tremendus.

MAILLARDOZ. — Feriendo triumphat.

MAILLÉ. — Stetit unda'fluens.

MAILLY. — *Mailly ! Mailly !* — Hogne qui voura.

MAINWARING (baronet). — Devant ! je te suis !

MALADIÈRE-QUINCIEU. — Mort non paour.

MALAINCOURT. — *Wallaincourt !*

MALARMEY. — *Sans peur !* — Amor in honore.

MALESTROIT. — *Malestroit !*

MALET DE GRAVILLE. — Ma force d'en haut.

MALINGREAU D'HEMBIZE. (**P.-B.**) — Virtuti nihil obstat.

MALVOISIN. — A Deo solo.

MANCICOURT. — *Crèvecœur !*

MAN D'HOBRUGE. (**P.-B.**) — Viriliter.

MANDON DE MONDE. — Superna licet, sustentant h[r]
lilia fulcrum.

MANESSIER. — Aut mors, aut vita decora.

MANGOT. — Probe et incorruptè. — MANGOT DE
SURGÈRES. — Post tenebras spero lucem.

MANN (baronet). — Per ardua stabilis.

MANNERS-SUTTON (duc de Rutland). (**G.-B.**) — Pour y
y parvenir. = MANNERS (baron Manners). — Même
devise.

MANOURRY. — Regi fidelis.

MANSEL (baronet). — Quod vult, valdè vult.

MARC. — Justitia mihi constans et perpetua volun-
tas.

MARCÉ. — Arte et marte.

MARCHÉ (du). — Forti fide.

MARCHIN DE CLERMONT DE DUNES. — *Marchin !*

MARCILLAC. — Nunquam marcescent.

MARE. (**P.-B.**) — Honneur et travail.

MARÉCHAL. — Cœloque soloque.

MARESCOT. — In hoc signo vinces.

MARESCOTI. — Sans douter.

MARGUERIE. — Cherche qui n'a.

MARIDAT. — Dextera Domini fecit virtutem.

MARIN. — Fragile si, ma bello !

MARINI. — Ne noceant.

MARIVETZ. — Quid obstet.

MARSHAM (comte de Romney). (**G.-B.**) — Non sibi,
sed patriæ.

Martimprey de Villefont. — Pro fide pugnando.

Martin (baronet.)—Initium sapientiæ, timor Domini.

Martin (baronet). — Pro patria. — Auxilio ab alto.

Marville de Vignemonté. — Facere benè et lætari.

Masserie Morin. — Celuy a le cœur dolent, qui doit mourir et ne sait quand.

Massey (baron Clarina). (**G.-E.**) — Pro libertate patriæ.

Massimo. (**Ital.**) — Cunctando restituit. — Flectimur sed non frangimur undis.

Massy (baron Massy). (**G.-B.**) — Pro libertate patriæ.

Mathan. — *Mathan !* — Au féal rien ne fall. — Nil de est timentibus Deum.

Matinel. — Nec dominare, nec dominari.

Maubec. — *Maubec !*

Maude (vicomte Hawarden). (**G.-E.**) Virtute securus.

Maugiron de Montléans. — Infringet solido.

Maule (baron Panmure).(**G.-B.**) — Clementia et animis.

Mauny, — *Haynault l'ancien ! — Mauny ! Mauny !*

Mauperché. — Bellicæ virtutis præmia.

Mauregnault. (**P.-B.**) — Vaincre ou mourir.

Mawbey (baronet).—Auriga virtutum prudentia. — Always liberty.

Maxwell (baron Farnham). (**G.-B.**) — Je suis prêt.

Maxwell. (**G.-B.**) — Thing on.

May (du). — Cœlum non vulnera.

Mayence (Albert, archevêque de). — Mors ultima linea rerum. — Concedo nulli.

Maynard (vicomte et baron Maynard). (G.-B.) — Manus justa, nardus.

Mazeman. (P.-B.) — Melior vigilantia somno.

Meade (comte de Clanwilliam). (G.-B.) — Toujours prêt.

Mean. (P.-B.) — Domine non recuso laborem.

Medina (Gusman de). — Le roi l'emporte sur le sang.

Meingre de Boucicaut (Le). — In altis habito.

Mehenze. — Fortitudine, suavitate.

Melignan de Trignan. — Virtus et honor.

Mello ou Merlo. — *Mello !*

Melort. (P.-B.) — Honestè vivere.

Melun (les vicomtes de). — *A moy Meleun !* — Pias locet montes Deus. — Ut inter spiritus sacros ora viator. — Virtus et honor.

Melvill Van Carnbée. (P.-B.) — Denique cœlum.

Menard de la Menardière. — Nul ne s'y frotte.

Menardeau. — Telis opponit acumen.

Mendoça de Réal. (Esp.) — Ave Maria, gratia plena.

Menon. — Ni deuil ni joie.

Mercastel de Montfort. — Hongne qui vonra.

Mercoeur. — Plus fidei quam vitæ.

Merez. — Evertit fortissima virtus.

Merle de la Gorge. — *Or, sus, fiert !*

Mesgrigny. — Deus fortitudo mea.

Mesmay. — De rien je ne m'esmaye.

Mesnard *ou* **Maynard.** — Pro Deo et rege.

Mesnil-Simon. — L'effroi des Sarrasins.

Messemaekers. (P.-B.) — Ægros vigilantia servat.

Metaxa. — Justum et tenacem proposuit.

Metcalfe (baronet). — Conquiesco.

Metternich-Winnebourg.(Allem.)—Kraft ind recht.

Meugnier. — Et vires et animus.

Meulenaere (P.-B.) — Amanti nihil difficile.

Meulh. — Benin sans venin.

Meynier de la Salle. — Major fama.

Michal de la Palu. — Je veille. — Pugnat, vigilat.

Michallon. — Virtus cœli gradus.

Michels. — Signo, manu, voce vinco.

Michiels de Kessenich. (P.-B.) — Alles door en voor den koning.

Middleton (baronet). — Regardez mon droit.

Mildmay (baronet). — Alla ta Hara.

Mill (baronet). — Aides Dieu.

Millière. — Juris lilium legimus.

Millini. — M.

Millotet. — Invitat mellitus honos.

Milon d'Amnon. — Non est quod noceat.

Miloni. — Spinæ superant rosas.

Mirabeau. (*Voyez* **Riquetti**).

Mirebel. — Oh quel regret mon cœur y a !

Missirien. — Dré an mor.

Mitallier. — Quod vigili datur, studio accrescit vitæ.

Mitchell. — Sapiens qui assiduus.

Moeslien. — Seel pople.

Moeurs. — *Mœurs au comte!*

Moges-Buron. — Cœlum non solum.

Moisson. — Sine messe fames. = Hélie-Moisson de Sey. — En Moisson loyauté.

Molac (Le Sénéchal de Kercado de).—*Cric à Molac!* — Bonne vie.

Molesworth (vicomte Molesworth). (G.-B.) —Vincit amor patriæ.

Molesworth. — Sic fidem teneo.

Molien. — (*Voyez* Moeslien).

Mollerus. — Labore ad salutem.

Molyneux (comte de Sefton). (G.-B.) — Vivere sat vincere.

Monck (G.-B.) (comte de Rathdown). — Fortiter, fideliter, feliciter.

Monckton Arundell (G.-B.) (*Voyez* Galway.) — Famam extendere factis.

Monnay. — Numine, rege et patria.

Monnier. — En Dieu ma fiance.

Monnier de Bonaparte. — Io la difesi.

Monso. — Pro fidelitate.

Monson. — Prest pour mon pays.

Monspey. — J'en rejoindrai les pièces.

Mont. — Loyal.

Montafilan. — *Hary avant!*

Montagu (Auvergne). — *Montagu!*

Montagu. — I. L. P. A. D. E. L. T. — (Je l'ai promis à Dieu et l'ai tenu.) — J'ai le corps délié.

Montagu (baron de Rokeby). (G.-B.) — Solo Deo

salus. = MONTAGU (duc de Manchester). — Disponendo me non mutando me. = MONTAGU (comte Sandwich). — Post tot naufragia portum.

MONTAGU-DOUGLAS-SCOTT (**G.-B.**) (duc de Buccleugh et de Queensberry). — Amo. = MONTAGU (baron Montaigu). —Spectemur agendo.

MONTAINARD. — *Plutôt mourir !* — Pro Deo, fide, et rege.

MONTALEMBERT. — Ferrum fero, ferro feror. — MONTALEMBERT DE CERS. — (Même devise). — Cecidi, sed surgam.

MONTBOISSIER. — Nunquam impunè.

MONTBRUN. — Et quoy plus.

MONTCHAL. — Certamine parta.

MONTCHENU. — *Montchenu !* — La droite voie.

MONTCORNET. — *Montcornet !*

MONT-D'OR. — Melius mori quàm inquinari.

MONTECLER. — Magnus inter pares.

MONTEREUX. — Pro fide et rege.

MONTESQUIOU-FEZENSAC. —Hinc labor, hinc merces.

MONTET DE LA FERRADE. — Ferme et loyal.

MONTFORT (Simon de). — *Toulouse ! Toulouse !* — *Montjoie !*

MONTGARDÉ. — *Montgardé !*

MONTGOMERY. (**G.-B.**). — Gardez bien. = MONTGOMERY (comte d'Eglington). —Même devise.

MONTGRILLET. — Ad œthera virtus.

MONTHIERS. — Anuelis suit mandavit de te.

MONTHOLON. — Subvenite opresso.

MONTIGNY DU THYMEUR. — Causa latet.

Mont-Jouet. — Dieu seul m'on joug est.

Montlouis. — (*Voyez* **Prousteau de Montlouis**).

Montmayeur. — Unguibus et rostro. — Erecta ferar et non connivebo.

Montmorency. — *Dieu ayde au premier baron chrétien! — Ἀ πλανος.*

Monts (des). — *Fortis ut mons!* — Dabit Deus his quoque finem.

Moore (comte de Drogheda). (**G.-B.**) — Fortis cadere, cedere non potest.

Moore (comte de Mounthcashell). (**G-E.**) — Vis unita fortior.

Morant. — A candore decus.

More. — Comme je fus.

Morel. — Lilia Francigenum deffendam hoc vindice ferro. — Pugna pro patria.

Moreton de Chabrillan. — *Moreton! Moreton!* — Antés quebrar que doblar.

Morhier. — *Morhier de l'extrait des preux!*

Morin de Bertonville. — Fortis fidelisque simul.

Morin de Cromey (baronet). — Mori ne timeas.

Morisot. — Fert maturos prudentia fructus.

Moroges. — Dieu ayde au Maure chrétien.

Moroxo (Esp.) — Nigra sum, sed formosa.

Mortemart. — (*Voyez* Rochechouart).

Mostyn (baronet). — Auxilium meum a Domino.

Motet. — Post tenebras lux evergo.

Mottet (du). — Tout droit.

Moustier. — Moustier sera malgré le Sarrasin.

Mouttinho de Lima. — Spes in Deo.

Mouy. — *Séchelles! — Saucourt!*

Moyria. — In via virtuti nulla est via.

Mullins *ou* **Molines** (baron Ventry). (**G.-B.**) — Vivere sat vincere.

Mun — Nil ultrà.

Munck (**P.-B.**) — Virtus et constantia.

Murat. — Vim utraque repello. = **Murat de l'Estang.** — Vim firmitate repello.

Murray (duc, marquis et comte d'Atholl) (**G.-B.**) — Furth fortune, and fill the fetters. = **Murray** (comte de Dunmore). = **Murray** (lord Glenlyon). — Même devise. = **Murray** (comte de Mansfield). — Uni æquus virtutis.

Murray (baron Elibank). (**G.-B.**) — Virtute fideque

Murray. (**G.-B.**) — Een do, bait spair nocht.

Musgrave (baronet). — Sans changer.

N.

Nadler. (**Allem.**) — Ave.

Nairne (lord Nairne). (**G.-B.**) — Espérance me confort.

Napier. (**G.-B.**) — *Sans tache!* — Ready, aye ready.

Narbonne-Pelet. — Non enim sinè causa gladium portant. — Vis nescia vinci sine causa. = **Narbonne-Lara.** — Nos descendonos de reges si no los reges de nos.

Navailles. — A un tada no es haheado.

Navaisse. — In Domino confido.

Nedonchel. — Antiquitas et nobilitas

Needham (comte et vicomte Kilmorey). (G.-B.) — Nunc aut nunquam.

Neipperg (P.-B.) — Virtus sudore paratur.

Nelson (comte Nelson). (G.-B.) — Palmam qui meruit famam.

Neufchastel (seigneurs de). (Suisse). — *Espinart à l'Escosse !*

Neufforge. (P.-B.) — Ad alta petantur.

Neve. (P.-B.) — *Worde ! Worde !*

Nevet. — Per ach.

Neville (comte d'Abergavenny). (G.-B.) — Ne vile velis.=Neville (lord Braybrooke).—Même devise.

Noblet. — Nobilitat virtus.

Nocey. — Multa nocent.

Noel (baron Barham). (G.-B.) — Tout bien ou rien.

Noel-Hill (baron Berwick). (G.-B.) — Qui uti scit, ei bona.

North (comte de Guilford). (G.-B.) — Animo et fide.

Northcote (baronet). — Christi crux est mea lux.

Norton (lord Grantley). (G.-B.) — Avi numerantur avorum.

Nottret de Saint-Lys. — Deo ac regi.

Noyers. — *Noyers !*

Nugent. (G.-B.) — Decrevi. = Nugent (marquis et comte de Westmeath).— Même devise.= Nugent-Temple-Grenville. — Templa quam dilecta.

O.

Oberkampf. — Rectè et vigilanter.

OBERT. — Pro lumine virtus.

O'BRYEN (marquis de Thomond). (**G.-B.**) — Vigueur de dessus.

O'CALLAGHAN (vicomte Lismore). (**G.-B.**) — Fidus et audax.

ODEBERT. — Suaviter sed fortiter.

ŒTTINGEN. — Dominus providebit.

OFFEREMONT. — *Offeremont!*

OGILVY (comte d'Airlie et de Lintrathen). (**G.-B.**) — A fin.

OGLANDER. — Servare munia vitæ.

O'GORMAN. (**G.-B.**) — *To sach cathaagus deireadh air!* — Primi et ultimi in bello.

O'GRADY (vicomte Guillamore). (**G.-B.**) — Vulneratus non victus.

O'HEGERTY. (**G.-B.**) — Nec flectitur, nec mutam.

O'KEEFFE. — Forti et fideli nihil difficile.

O'KELLY. — *O! Kellie abou.* — Turris fortis mihi Deus.

O'KOURKE DE GOUSEN (seigneur de Gousen, en Flandres). — *Victorious!* — Prou de pis, peu de pairs, point de plus.

OLMEN DE POEDERLE. (**P.-B.**) — Rerum vigilantia custos.

O'MAHONY. — Victoria in flammis.

O'MALLEY. — Terræ marique potens.

O'MORE. — Spes mea Deus.

O'NEILL. — Lam dearg Eirin.

ONGLEY (baron Ongley). (**G.-B.**) — Mihi cura futuri.

ONORATI. — *Libertas!*

Onslow (**G.-B.**) — Festina lenté. = **Onslow** (comte
d'Onslow). — Même devise.

Orde-Powlett (baron Bolton). (**G.-B.**) — Aimez
loyaulté.

Orgeix. — Semper fidelis.

Orglande. (**P.-B.**) — Candore et ardore.

Ormandy de Frejaques. — Il adviendra.

Ornano. — Deo favente, Comes Corsiæ.

Ortt. (**P.-B.**) — Sum quod fui.

Orville. — *Hesdaing, Wallaincourt!*

Osborn. (**G.-B.**) — Quantum in rebus immane.

Osborne (duc de Leeds). (**G.-B.**) — Pax in bello.
— Francha, Leal et oge. = **Osborne** (lord Godolphin). — Même devise.

Osmond. — Nihil obstat.

O'Sullivan de Grass. — Modestia victrix.

Oudart. — *Estrée!*

Owen (baronet). — Honestas optima politia.

Ozy. (**P.-B.**) — Arte, labore, patientia.

P.

Pacius. — Musæ pacis amicæ.

Pagan. — Fortior pugnavi.

Paget (baron Paget). (**G.-B**) — Per il suo contrario.
= **Paget** (marquis d'Anglesey). — Même devise.

Paige de Bar. — Où que tu soies suivrai toy.

Pakenham (comte et baron de Longford). (**G.-B.**) —
Gloria virtutis umbra.

Pallavicini. — Servir a guardar.

Palmer (baronet). — Palma virtuti.

Palmer (baronet). — Par sit fortuna laboris.

Palmes-d'Espaing. — In adversis virtus.

Palm-Gundelfingen. — Justus ut palma.

Palvat de Jalamondes. — Animus et prudentia.

Pantin. — *Pantin, hardi, en avant!* — Crux dux certa salutis.

Parc de Locmaria (Du). — Tout est beau. — Vaincre ou mourir.

Parcevaux. — S'il plaist à Dieu.

Parker (comte de Macclesfield). (**G.-B.**) — Sapere aude.

Parker (comte de Morlay). (**G.-B**) —Fideli certa merces.

Parkyns (baron Rancliffe). (**G.-B.**) — Honestè audax.

Parsons (comte de Rosse). (**G.-B.**)—Pro Deo et rege.

Pascal de Kerenveyer. — Sanguinem quid plura.

Paschal de Merins. — Spes mea Christus.

Pasley (baronet). — Pro rege patria pugnans.

Pastoret. — Bonus semper et fidelis.

Paterin. — Le duc me l'a donné. — C'est par la vertu.

Patoul. — Virtute duce. = **Patoul de Fieura**. — Même devise.

Paul. — Ut palma florebit.

Paul (baronet). — Pro rege et republica.

Paulett (marquis de Winchester). (**G.-B.**) — Hæc generi incrementa fides.

Pauncefote. — Pensez forte.

Pavie Crechangoer. — Dissumul hataou.

Payen. — In arduis fortior.

Peachey (baron Selsey). (G.-B.) — Memor et fidelis.

Pechpeyrou. — Ut fata trahunt.

Peacock (baronet). — Vincit veritas.

Pelham (comte de Chichester). (G.-B.) — Vincit amor patriæ.

Pelichy. — Vulnerat et sanat. = Pelichy de Lichtervelde. — Même devise.

Pelissier Desgranges. — Semper immaculatus ero.

Pelletier de Martainville. — Adversis moveri nefas.

Pellet des Granges. — Vis nescia vinci.

Pellew (vicomte Exmouth). (G.-B.) — *Deo adjuvante!* — Algiers !

Pellew. (G.-B.) — Deo juvante. — Deo, non fortuna.

Pellissier de la Coste. — Virtute non dolo. — Stella duce.

Penancoet de Keroual. — A bep Pen lealdet.

Penmarch. — Bepret.

Pennington (baron Muncaster). (G.-B.) — Vincit amor patriæ.

Pennyman (G.-B.) — Fortiter et fideliter.

Pepperell. — Virtute parta tuemini.

Pepys (baronet). — Mens cujusque is est quisque.

Perard de Vaivre. — Victrix per ardua virtus.

Perceval (baron Arden). (G.-B.) — Sub cruce candida. = Perceval (comte d'Egmont). — Même devise.

Percy (duc de Northumberland). (G.-B.) — Espé-

rance en Dieu. = PERCY (comte de Beverley).
— Même devise.

PERDRIOL. — Suavis et vigil.

PERIER. — Ad sidera ramos.

PERRUZI (ITAL.) — Datum desuper.

PÉRUSSE DES CARS. — Per usum fulget.

PERY (comte de Limerick). (G.-B.) — Virtute non astutia.

PETRE (baron Petre.) (G.-B.) — Sans Dieu, rien.

PETTY FITZ-MAURICE (marquis de Lansdowne). (G.-B.) — Virtute non verbis.

PEYTON (baronet). — Patior potior.

PHELIPES. — Je me contente.

PHIPPS (comte de Mulgrave). (G.-B.) = Virtute quies.

PICOT DE DAMPIERRE. — Nullus extinguitur.

PICTET DE SERGY. (SUISSE.) — Sustine et abstine.

PIERREPONT (comte de Manvers). (G.-B.) — Pic repone te.

PIERRES DE NARSAY. — Pour soutenir loyauté.

PIGNIOL. — Deus et meus Rex.

PIN (du). — Fidem peregrinans testor.

PINDAR (comte de Beauchamp). (G.-B.) — Ex fide fortis.

PINEL DE LA TAULE. — Mihi fidelitas decus.

PINOS. — L'un des neuf barons de Catalogne.

PIOLENC. — Campi tui repletuntur ubertate.

PIOSSASQUE. — Qui.

PITT. — (comte de Chatham). (G.-B.) — Benigno numine.

Pitt-Rivers (baron Rivers). **(G.-B.)** — Æquam servare mentem.

Plaines van Terbruggen. (P.-B.) — Pour gloire ne plaige mourir.

Plantade. — Caritas nescia vinci.

Plesseys le Lergue de Pinnay (du). — **A jamais celle.**

Plessis (du.) — Ab obice, major.

Plessis-Grenedan. — *Plessis-Mauron !*

Plessis-Richelieu (du) (*Voyez* **Vignerot.**)

Ploesquellec. — Aultre ne veux.

Plœuc. — L'âme et l'honneur.

Plunkett (baronet). — Festina lentè. = **Plunkett** (comte de Fingall). = **Plunkett** (lord Louth). = **Plunkett** (lord Dunsany). = **Plunkett de Rathmore.** — Même devise.

Poillot d'Oigny. — Melior fortuna notabit.

Pole. — Pollet virtus.

Polier de Bretigny. — Et Phœbi et Martis.

Polignac. — In antiquissimis. = **Polignac** (le prince de). — Sacer custos pacis.

Poligni. — Vertu et fortune.

Pollalion (baron de Glaomas). **(G.-B.)** — Liesse à Pollalion.

Pollod. — Contrà audentior ito.

Pomeroy (vicomte-baron Harburton). **(G.-B.)** — Virtutis fortuna comes.

Poncelin de la Rochetiluac. — Firmior petra.

Poninski. (Pol.). — Telle est la vie.

Ponsonby (baron Ponsonby). **(G.-B.)** — Pro rege, lege, grege.. = PONSONBY (comte de Borborough). — Même devise.

PONT (du). — Amico patriæ, patriæ carissimo.

PONTALLIER. — *Pontallier !*

PONTAUBÈVOYE D'OYSONVILLE. — Virtute et labore.

PONTCROIX. — Naturellement.

PONTEVEZ. — Separata ligat. — Fluctuantibus obstat. — Mediis tutus in undis.

PONTIS DES DOURBES. — In Domino facis virtutem.

PONT-JARNO D'AUBANUYE. — Spes mea Deus.

PONTLABBÉ. — Hep chang.

PORT (du). — Cingit et obstat.

PORTAL.

PORTIER. — De tous châteaux, Portier.

POSANGES. — Non sibi sed patriæ.

POSSON. (**P.-B.**) — Dei non bacchi.

POSTEL. — Ou tout te heurte, tout t'appuie.

POT (seigneur de Piégu-Pot). — *A la belle ! — Tant L vaut.* (Tant elle vaut).

POTIER. — Dextera fecit virtutem, dextera salvabit me.

POUGET DE NADAILLAC (du). — Virtus in hœredes.

POULETT (vicomte Hinton.) (**G.-B.**) — Gardez la foi.

POULHARIEZ. — Vigil et alacer.

POULMIE. — De bien en mieux.

POULPIQUET. — De peu assez.

POWYS (baron Lilford). (**G.-B.**) Parta tueri.

POYET DE BEINE. — Justitiæ columnam sequitur leo.

POZZO DI BORGO. (**ITAL.**) — Consilio et virtute.

PRATT (marquis et comte Camden). (**G.-B.**) — Judicium parium, aut lex terræ.

Pratz de Mavillon. — Partout vit Ancône.

Préaux — *César-Auguste!*

Précontal. — Partout vit Ancône.

Preston (vicomte Gormanston). (**G.-B.**) — Sans tache.

Prévost de Gagemon. — Spes usque, metus unquam.

Prévost de la Croix. — Magis ac magis.

Prye *ou* Prie.—*Cant à l'oiseaux!*—Non degener ortu.

Primrose (comte de Roseberry). (**G.-B.**) — Fide et fiducia.

Prittie (baron Dunalley). (**G.-B.**)—In omnia paratus.

Proby (comte de Carysfort). (**G.-B.**) — Manus hæc inimica tyrannis.

Prousteau de Montlouis. — Prout sto in periculis audentior.

Prud'homme d'Hailly de Nieupoort. (**P.-B.**)—Toujours Preudhomme. = Prudhomme d'Hailly de Verguigneul. —Même devise.

Prunier. — Turris mea Deus.

Puckler-Muskau. (**Allem.**) — Amor et virtus.

Pusignan. — Prospérité !

Puy-de-Cressonville (du). — Pro Deo et Rege me sustinet turris.

Puy-Melgueil (du). — C.E.I.S.E.E.E. (Cutando enixè inimos sanctæ Ecclesiæ, Ecclesia elevat.)

Puy-Montbrun. — Vicit leo.

Pycke. (**P.-B.**) — Pelias hasta.

Q.

Quarles van Ufford. (**P.-B.**) — Aquila non captat muscas. — Qui invidet minor est.

QUELEN. — En Peb emser Quelen. ⚌ QUELEN (duc de la Vauguyon). — Avize, avize.

QUERELLES. — Envers et contre tous.

QUILLIMADEC. — Hep remet.

QUINSON. — Suavis suavi.

QUIQUERAN DE BEAUJEU. — *Flandres !* — A tout venant Beaujeu ! — Vis contra vim.

QUILLIEN. — Tevel hac ober.

QUINTIUS (**P.-B**.) — Vis unita fortior.

QUIRIT. — *Va ferme à l'assaut Quirit, à la prise !*

R.

RABIERS. — *Victoria !*

RADERMACHER. (**P.-B**.) — Mediocritas.

RADZIWILL. (**POL.**) — Bog nam radzi.

RAFELIS DE BROVES. — Genus et virtus.

RAIGECOURT. — Inconcussible.

RAIMOND-MODÈNE. — Saucias et defendis.

RAIS. — *Rais !*

RAMBAUD. — Et habet sua gaudia luctus.

RAMEY-HOME (comte de Home). (**G.-B**.) — True to the end.

RAMSAY (comte de Dalhousie). (**G.-B**.) — Ora et labora.

RAMSAY. (**G.-B**.) — Aspiro.

RANCHER. — Celeritas atque fidelitas.

RANCHICOURT. — Unguibus et rostro armatus in hostem.

RASOIR. — Usque ad metam.

RAVEL. — Valore et prudentia fortior.

RAWDON-HASTINGS. (marquis d'Hastings). (**G.-B.**) — Et nos quoque tela sparsimus.

RAYMOND. — Arc du mon no mudera.

READ (baronet). — Cedant arma togæ.

RÉAUX (des). — Sic fortis ut humanus.

RECOURT. — Sic omnia. = RECOURT (Didier de) (seigneur de Rivière). — Droit dire de cœur.

RECOURT DU SART (seigneur de Bruères). — *Aux châtelains!* — Audacter et sincere.

REEDE. (**P.-B.**) — Malo mori quam fœdari. = REEDE VAN ATHLONE (même devise). = REEDE VAN OUDSHOORN (même devise).

REFUGE. — Victrix innocentia.

REGARD. (**Sav.**) — A tout regard.

REGNAULD. — Ardens et aquum.

REIFFENBERG. — *Reiffenberg! Reiffenberg!*

REMERVILLE. — Aderit vocatus Apollo. — Meminisse juvabit.

RENARD DU SERRE. — Marte et arte.

RENDORP. (**P.-B.**) — Virtute duce. = RENDORP VAN MARQUETTE (même devise).

RENTY. — *Renty!*

REPELAER. (**P.-B.**) — Patriæ fata sequor.

REQUENA. — Veritas vincit.

RESTAURANT. — Virtus vetat mori.

RETHEL. — *Rethel!*

REYMONDIS. — Ad altiora.

REYNEGOM. (**P.-B.**) — Rien sans envie. = REYNEGOM VAN BUZET (même devise).

Reynolds-Moreton (lord Ducie). (**G.-B.**) — Perseverando.

Rheina-Wolbeck. — Votre plaisir.

Ribeiro. (**Port.**) — Quo fluit, fert.

Ribaumont. — *A moi, Ribaumont!*

Ricard. — A la vie, à la mort.

Riccé. — Quæ sunt Cæsaris Cæsari, quæ sunt Dei Deo.

Rice (baron Dynevor). (**G.-B.**) — Secret et hardi.

Richard. (Bourgogne). — Quo justior eò ditior.

Richard. (Bretagne). — Caret Doé, meuli Doé, mori Doé.

Richards. (baronet). — Honore et amore.

Riddell. (baronet). — De apulia — Utile et dulce.

Ridley. (baronet). — Constans fidei.

Rieux. — **A tout heurte Rieux** *ou* **A tout heurte bélier, à tout heurte Rieux.**

Riqueti-Mirabeau. — Juvat pietas.

Rivarol. — Leo meruit aquilam.

Rivers. (**G.-B.**) — Secus rivos aquarum.

Rivière. — Pour les Dieux.

Rivoire. — Nec si cœlum ruat.

Robaulx. — Quocumque ferar.

Robe-Mirebel. — Pour l'amour d'elle.

Robert de Lignerac de Caylus. — Dum spiro, spero.

Robiano d'Hougoumont. (**P.-B.**) — Sicut lilium.

Robien. — *Rocq-Bihan!* — Sans vanité ni faiblesse.

Robin. (**Ital.**) — Piu forte nel avversità.

Robinson (comte de Ripon). (**G.-B**). — Foy est tout.

Rochechouart de Mortemart. — Ante mare undæ.

Rochefort. — Bien fondé Rochefort.

Rochefort (Foretz). — Lilia sustinet virtus.

Rochemore. — Rupibus firmior.

Rode van Schellebrouck. (**P.-B.**) — Fidelitas ad principem.

Rodney (lord Rodney). (**G.-B.**) — Non generant aquilæ columbas.

Rogemont. — *A moi!*

Rogers de Wisdome (baronet). — Nos nostraque Deo.

Rohan. — *Plaisance!* — Roi je ne peux, duc je ne veux, Rohan je suis! = **Rohan-Guéméné** (princesse Anne de). — Spes durat avorum. = Le maréchal de **Gié** — A la bonne heure nous prit la pluie.

Rolands (Cantelme des). — Volat fama per orbem. = **Rolands-Railhanete.** — Même devise.

Rolin (Chancelier de Bourgogne). — Nil agere pœnitendum, pudendum imo reparandum.

Rolland. — Nomine magnus, virtute major.

Rolle (baron Rolle). (**G.-B.**) — Nec rege, nec populo, sed utroque.

Rollo (lord Rollo). (**G.-B.**) — Fortune passe partout.

Roper-Curzon (baron Teynham). (**G.-B.**) — Spes mea in Deo.

Rosières. — *Grand joie!* — Sine dente rosa.

Roslan. — Fidèle et sincère.

Rosmadec de Gouarlo. — Uno avulso non deficit alter.

Rosmadec de Tivarlen. — En bon espoir. = **Sébastien de Rosmadec.** — Virtus dedit, mors negavit.

RÓSPIEC. — Fidei et amoris.

ROSSEL. — Festina lente.

ROSTRENEN. — Oultre !

ROTHSCHILD. — Concordia, integritas, industria.

ROUILLÉ DU COUDRAY. — Moderatur et urget.

ROURE (du). — Ferme en tous temps. — A vetustate robur.

ROUS (comte de Stradbroke). (**G.-B.**)—Je vive en espoir.

ROUSE-BOUGHTON (baronet). — Omne bonum Dei donum.

ROUVROIS. — Virtus et umbra.

ROVÈRE. —Force et vertu.

ROWLEY (baron Langford). (**G.-B.**)—Bear and forbear.

ROZEN. —Malgré Latour les roses fleuriront.

ROZEROT. — Spera quod licet.

RUBEMPRÉ. — *Rubempré!*

RUESCAS. (**P.-B.**) — Ubi bene, ibi patria.

RUFFO-LA-FARE. — Vis unita fortior.

RUOLZ. — Toujours pret.

RUPPIERRE. —Superbia immanes.

RUSHOUT (baron Northwick). (**G.-B.**) — Par tern is suppar.

RUSSELL (duc et comte de Bedford). (**G.-B.**) — Che sarà, sarà. = RUSSELL (baron Howland). —Même devise.

RUTGERS VAN ROSENBURG. (**P.-B.**) — Charitate et industria.

RUTHVEN (lord Ruthven). (**G.-B.**) — Deed shaw.

RUYS DE BEERENBROUEK. (**P.-B.**) — Antes morir, que sertraidor.

Ryckel. (**P.-B.**) — Generose et prudenter.

Ryckevorsel. (**P.-B.**). — Condit opes virtus.

Ryder (comte de Harrowby). (**G.-B.**) — Servata fides cineri.

S.

Sabran. — Noli irritare leonem.

Saillans. — Dieu l'a permis. — Virtutis præmium est virtus.

Sailly. — Du plus haut Sailly.

Saint-Belin. — Ex utroque fortis.

Saint-Chamans. — Nil nisi vincit amor.

Sainte-Colombe. — Spes mea Deus.

Saisy. — Qui est Saisy est fort.

Sales (**Sav.**) — Nec plus, nec minus. = Sales (marquis de Bullégneville). — La tour du Seigneur est ma forteresse.

Salinis. — Sic sale viresco.

Salis. — Non auro sed virtute.

Sallmard de Ressiz. — Labor in armis est nostri testis honoris.

Salm. — Onques, ni jamais.

Salmon du Chastellier. — Franc et sans dol.

Salus la Mante. (**Sav.**) — Leit, leit.

Salvaing. — *A Salvaing, le plus Gorgias !* — Que ne ferais-je pour elle ! = Denys de Salvain (premier président de la Cour des comptes). — Regi devota Jovique. = Salvaing (Aymon de). — Jusques à ma fin.

Salvaire d'Aleyrac. — Sempre il Re.

Sancerre. — *Notre-Dame Sancerre!*

Sandberg van den Essenburgh. (**P.-B.**) — Serva fidem.

Sandford (baron Mount-Sandford). (**G.-B.**). — Cor unum, via una.

Sandilands (lord Torphichen). (**G.-B.**) — Spero meliora.

San Lorenzo y Parque. (**Esp.**)—Con espuerzo levante la bandesa de mi fe.

Santheuvel. (**P.-B.**) — Majorum virtus, nepotum gloria.

Sapin. — In altum aspiciam.

Sartiges. — Lilium pro virtute.

Sassenage (marquis du Pont). — *Sassenage!* — J'en ai la garde du pont! — Si fabula, nobilis illa est. — Sur toutes.

Saucourt. — *Saucourt!*

Saulx-Tavannes. — Semper leo.

Saumarez (baron de Saumarez). (**G.-B.**) — In Deo spero.

Saumery. — Ami seur.

Saunders-Dundas (vicomte Melville). (**G.-B.**) — Quòd potui perfeci.

Saveuse. — *Saveuse!*

Saville (comte de Mexborough). (**G.-B.**) — Be fast.

Savonnières. — Diex el volt. — Absit mihi gloriari nisi in cruce Domini.

Savoye-Raconis. — Tout net.

Sayn-Wittgenstein-Hohenstein. (**All.**) — Meine ehre geb' ich niemand.

Sayve. — Velis quod prosis.

Scarron (Pierre, évêque de Grenoble). — Vis duplex fulget in uno.

Scépeaux. — In spem contrà spem.

Schelwendi (baron d'Hohenlandperg). (**All.**) — Durat et lucet.

Scherff. (**P.-B.**) — Per aspera ad astra.

Schietere. (**P.-B.**) — Omnium rerum vicissitudo.

Schinne. (**P.-B.**) — Per aspera ad astra.

Schœnborn. — Pro fide et patria.

Scholten (**P.-B.**) — Plus esse quam videri.

Scott (comte et vicomte de Clonmel). (**G.-B.**) — Fear to transgress.

Scott (comte d'Eldon). (**G.-B.**) — Sit sine labe decus. = **Scott** (baron Storwell). — Sit sine labe.

Scott. (**G.-B.**) Regi patriæque fidelis.

Sebille. (**P.-B.**) — Sol sybillam dirigit.

Ségoing. — Pietas homini tutissima virtus.

Séguier. — Indole bonus.

Selles. — *Selles!*

Senarclens de Grancy van Haanwick. (**P.-B.**) — Sans décliner.

Senecey. — In virtute senesce.

Serpillon. — Cerf, pie, lion.

Serre. — Bien régnerez.

Sève. — *Justice!*

Seimandi de Saint-Gervais. — Une foi, une loi, un Dieu, un roi.

SEYMOUR DE CONSTANT. — In arduis Constans.

SEYMOUR (duc de Sommerset). (**G.-B.**) — Foy pour devoir.

SEYMOUR-CONWVAY (marquis et comte de Hertford). (**G.-B.**) — Fide et amore.

SÈZE. — 26 Décembre 1792.

SHAW. — Vincit qui patitur.

SHERARD (comte de Harborough). (**G.-B.**) — Hostis honori invidia.

SHIMMELPENNINCK (**P.-B.**) — Honos antè divitias.

SHIRLEY (comte Ferrers). (**G.-B.**) — Honor, virtutis præmium.

SHORE (baron Feignmouth). (**G.-B.**) — Perimus licitus.

SHUCKBURGH (baronet). — Hæc manus ob patriam.

SIBBALD. — Domino factum est.

SILLERY DE GENLIS. — *Au guet! au guet!*

SIMIANE. — Certamine parta. — Sustinant lilia turres.

SINCLAIR (comte de Caithness). (**G.-B.**) — Commit thy work to God.

SINETY. — Virtute nitet. — In candore decor.

SIRTEMA VAN GROVESTINS. (**P.-B.**) — Nœt te Goed, nœt te Tioed.

SIX VAN OTERLECK. — (**P.-B.**) — Stella duce.

SKEFFINGTON (vicomte Ferrard). (**G.-B.**) — Renascentur. = **SKEFFINGTON** (vicomte Massereene). — Per angusta ad augusta.

SLINGELANDT. (**P.-B.**) — Candide et cordate.

SMISSAERT. (**P.-B.**) — Pour mieux j'endure.

SMISSEN VAN CORTENBERG. (**P.-B.**) — Vestigia nulla retrorsùm.

SMITH (baron Carrington). (**G.-B.**) — Tenax et fidelis.

SMITH-STANLEY (comte de Derby). (**G.-B.**) — Sans changer.

SMITH (baronet). — Semper fidelis.

SMITH (baronet). — Marte et ingenio.

SMITH (baronet). — Spes, decus et robur.

SMITHE (vicomte Strangford). (**G.-B.**) — Virtus incendit vires.

SMYTH. (**G.-B.**) — Qui capit capitur.

SMYTHE. (**G.-B.**) — Regi semper fidelis.

SOENENS. (**P.-B.**) — Justitia et pax osculatæ sunt.

SOLAGES. — Sol agens.

SOLARA — Tel fiert qui ne tue pas.

SOMERSET (duc de Beaufort). (**G.-B.**) — Mutare vel timere sperno.

SOMERVILLE (lord Somerville). (**G.-B.**) — Fear God in life.

SOUASTRES. — Non deficient.

SOURDEAU DE RAMIGNIES-CHIN. — De Sourdeau hayne aux villains.

SOUTHWELL (vicomte Southwell). (**G.-B.**) — Nec male notus eques.

SOUVERT. — Altum petit, ima relinquens.

SOYECOURT. — *Soyecourt!*

SPAEN. (**P.-B.**) — Vivit post funera virtus.

SPENCER (baron Churchill). (**G.-B.**) — Dieu défend le droit. = SPENCER (comte Spencer). — Même devise.

=Spencer (duc de Marlborough).—Fiel pero desdichado.

Splan (Le). — Plaid me déplaist.

Spontini de Saint-Androea. — Spunto e mai spento.

Saint-Belin. — Ex utroque fortis.

Saint-Clair (baron Sinclair). (G.-B.) — Fight.

Saint-Clair-Erskine (comte de Rosslyn). (G.-B.) — Rinasce più gloriosa.

Saint-Georges. — Nisitur per ardua virtus.

Saint-Germain. — Perge, age, vince omnem, miles virtute laborem.

Saint-Hilaire. — Amantes tui ama.

Saint-John (vicomte Bolingbroke et Saint-John) (G.-B.) — Nec quærere nec spernere honores. = Saint-John (baron St-John). — Data fata secutus.

Saint-Lawrance (comte de Howth). (G.-B.) — Qui pense.

Saint-Léger (vicomte Doneraile). (G.-B.) — Haut et bon.

Saint-Martin d'Aglié, — *In armis jural* — Sans départir.

Sainte-Maure. — *Sainte-Maure!*

Saint-Mauris en Montagne. — Antique, fier et sans tache.— Crux est signum Christi, lilia sunt Mariæ. — Plus deuil que joie.

Saint-Pont. — Moderata durant.

Saint-Sévère. — *Brosse!*

Saint-Souplis. — Vivre pour mourir et mourir pour vivre.

Saint-Valier. — Qui me alit, extinguit.

SAINT-WOLSTONS. — Fortis et fidelis.

STAFFORD-JERNINGHAM (baron de Stafford). (**G.-B.**) —
Virtus basis vitæ.

STANHOPE (comte de Chesterfield). (**G.-B.**) — A Deo
et rege. = STANHOPE (comte de Stanhope). —
Même devise.= STANHOPE (comte de Harrington.)
— Même devise.

STANLEY (baron Stanley). (**G.-B.**) Voir DERBY.

STANLEY. (**G.-B.**) — Sans changer.

STAPLETON. — Fide sed cui vide. = STAPLETON-
COTTON (vicomte Combermere). — Salamanca. —
In utraque fortuna paratus.

STASSART DE CORIOUL. — Semper fidelis.

STEPNEY (baronet). — Fide et vigilantia.

STEWART (lord Blantyre). (**G.-B.**) — Sola juvat virtus.
= STEWART (comte de Galloway).— Même devise.

STEWART. (**G.-B.**) — Forward! = STEWART (comte
de Castle-Stewart). — Même devise.

STIRLING. (baronet). — Gang forward.

STOCKEN. (**P.-B.**) — Fortiter et feliciter.

STOLBERG. — Spes nescia falli.

STOPFORD (comte de Courtown). (**G.-B.**) — Patriæ
infelici, fidelis.

STOURTON (lord Stourton). (**G.-B.**) — Loyal je serai
durant ma vie.

STRATEN-WALLAY (Van der). (**P.-B.**) — Preux et
loyal.

STRICK VAN LINSCHOTEN. (**P.-B.**) — Virtus vincit.

STRICKLAND (baronet). — A la volonté de Dieu.

STROZZI. (**ITAL.**). — Morto, val più virtute e buona

fama, che tutto l'oro che l'avaro brama. --Le bel et bon. = **Strozzi** (Pietro). — Fortitudo mea Dominus. = **Strozzi** (Charles). — Rapit ut servet, servat ut juvet.

Stuart (comte de Moray). (**G.-B.**) —Salus per Christum redemptorem.

Stuart (baron Stuart de Rothesay). (**G.-B.**) — Avito viret honore. = **Stuart-Wortley-Mackenzie** (baron Wharncliffe).—Même devise.

Stuart (comte de Traquhair). (**G.-B.**)— Indux trought.

Suffren (marquis de Saint-Tropez). — Dieu y pourvoira.

Sulkowski. (**Pol.**)— Tout pour la patrie.

Sullivan. — Lamh fois dineoch an nachtar.

Surgères. — Post tenebras spero lucem.

Surirey de Saint-Remy. — Pietà, Fedeltà.

Sutton. — Toujours prêt.

Swinburne (baronet). — Semel et semper.

Synge (baronet).— Cœlesta canimus.

Sytzama. — Rectè faciendo neminem timeas.

T.

Taafe (vicomte Taafe). (**G.-B.**) — In hoc signo spes mea.

Taffin. — Pense à ta fin.

Taillard ou **Taillefer.** — Frangas non flectes.

Taillefer. — Non quod sed ubi.

Talbot (comte de Shrewsberry.) (**G.-B.**)— Prest d'accomplir.

Talleyrand-Périgord. — Re que Diou.

Tallia. — Cœlestia cum terrestribus.

Tancques. — *Tancques ! Tancques !*

Tartereau de Berthemont. —Infractus et fidelis.

Tauriac. — Nil timet.

Tavora. (Portugal.) — Quoscumque findit.

Taylour (marquis de Headfort).—Consequitur quodcumque petit.

Tempest (baronet). — Love as you find.

Temple. (G.-B.) — Templa quàm dilecta.=Temple-Nugent-Brydgen (duc et marquis de Buckingham et de Chandos).—Même devise.=Temple (vicomte Palmerston). — Flecti non frangi.

Texier d'Hautefeuille. — Splendor honoris, virtuti fidelitas.

Thellusson (baron Bendlesham). (G.-B.) — Labore et honore.

Thepault. — Dieu sur le tout.

Theys. — De tout me tais.

Thezan. — Pro aris et focis.

Thezut. — Quod sis esse velis.

Thiballier. (Sav.) — Dùm spiro, spero.

Thicknesse-Tuchet (lord Audley). (G.-B.) — Je le tiens.

Thiennes. (P.-B.) — Qu'une voie tienne, quoi que advienne.

Thierry. — Fortitudo mea Deus.

Thomas. — Non est mortale quod opto. = Jacques Thomas de Varennes. — Crescat flos debitus astris.

Thomas (baronet). — Honesty is the best policy.

Thomas de la Valette. — Godefridus mihi dedit.

Thou — Ut prosint aliis.

Throckmorton. (G.-B.) — Virtus sola nobilitas. — Moribus antiquis.

Thynne (marquis de Bath). (G.-B.) — J'ay bonne cause. = Thynne (baron Carteret). — Même devise.

Tillet. — Nil parum, nil nimis.

Tichborne (baronet). — Pugna pro patria.

Tieghem de Ten Berghe. (P.-B) — Me stell duce.

Tillia. — Cœlestia cum terrestribus.

Tilly. — Nostro sanguine tinctum.

Tisserand. — En travail, repos.

Tixier-Damas. — Premi potui, sed non depremi.

Toict (du). — A Dios y al rei.

Toledo. (Esp.) = Toledo (duc d'Albe). — Al parecer de l'Alba s'ascondan las estellas.

Tonduti. (Ital.) — *Rallions-nous!* — Etiam superata vincit.

Tonson (baron Riversdale). (G.-B.) — Manus hæc inimica tyrannis.

Toquet. — Speravi et spero.

Torchefelon. — Optima fata dant animum.

Torigny. — Brevior at clarior.

Tour (du). — *La Pucelle!*

Tour (du). (P.-B.) — Deus mihi propugnaculum. = Tour en Tour van Bellinchave. — Même devise.

Tournemine. — Aultre n'auray.

Tournemouche. — Plus mellis quàm mellis.

Tournon. — *Au plus dru!* — Potentia et virtute. = Tournon (le cardinal de.)—Non quæ super terram.

Toustain. — *Tous ain !* —Toustain de sang.

Toutenoutre. — *Tout en outre!* — Tout passe.

Townshend (vicomte Sydney). (**G.-B.**) — Droit en avant. =Townshend (marquis de Townshend).— Hæc generi incrementa fides.

Traille. — Discrimine salus.

Tramecourt. — Virtus et nobilitas.

Travers. (**P.-B.**) — Altyd de Zelve.

Tredern. — Ha soez vê.

Trefusis (baron Clinton.) (**G.-B.**) — Tout vient de Dieu.

Trelawny (baronet.) — Virtus patrimoni nobilior.

Tremoleti de Montpezat. — Cygnus aut victoria ludit in undis.

Trench (baron Ashtown). (**G.-B.**) — Virtutis fortuna comes.

Trevelyan (baronet). — Time trieth troth.

Trêves (Jacob, archevêque de.) — Ex frugalitate ubertas.

Trevou. —Pa garro doué.

Trie et Piqueny. — *Boulongne!*

Trier de Tiège. (**P.-B.**) — Per ardua cresco.

Trimond de Puymichel. — In hoc signo vinces.

Trinquere. — Ut morus.

Tristany. (**Catalogne.**) — Cunctis hoc virtute rebus.

Trogoff. — Tout du tout.

Tronson. — Virtuti non divitiis.

Tubeuf. — Visu et nisu. — Levat non abripit aura.

Tufton (comte de Thanet). (**G.-B.**) — Alis volat propriis.

Tullingh (Witte) van Oldenbarnevelt. (**P.-B.**)—Fide patiens in cruce, ignea superstes virtute.

Turnour (comte de Winterton). (**G.-B.**)—Esse, quàm videri.

Turpin de Crissé. — Vici victurus vivo.

Twisden (baronet).— Præviso mala pereunt.

U.

Upton (vicomte Templetown). (**G.-B.**) — Virtutis avorum præmium.

Urre. — En tous lieux et à toute heure.

Ursins. — Sauciat et defendit.

V.

Vache (du.) — Pax in virtute. = Vache de Saluces. — Di giove amata assai.

Vachon. —Solerti simplicitati.

Vaillac. — Ne fren ne tempo.

Val-Bonneval (du.) — Dei gratia et avito jure.

Valery. — *Valery!*

Vallier. — Sic Vallier.

Valpergue. —Ferme toi.

Vançay. — La vertu, en nous, a l'âge devancé.

Vane (marquis et comte de Londonderry). (**G.-B.**) —

Metuenda corolla Draconis. = VANE (comte Vane).
— Même devise.

VANNECK (baron Huntingfield). (**G.-B.**) — Droit et loyal.

VANSITTART (baron Bexley). (**G.-B.**) — Grata quies.

VARAGNE. — *Deo juvante!* — Nulli cedo.

VARAX. — *Varax!*

VARENARD DE BILLY. — Sans tromperie.

VARGAS. (**Esp.**) — Nigra sum, sed formosa.

VASSALL (baron Holland). (**G.-B.**) — Et vitam impendere vero.

VASSAN. — Virtus vulnere virescit.

VASSY. — *Chastillon!* — Nodos virtute resolvo.

VAUCHÉ. — (*Voyez* VACHE).

VAUDENAY. — *Au bruit!*

VAUDREY — A tout Vaudray. — J'ai valu, vaux et vaudray. = VAUDREY-SAINT-PHALE. — Même devise.

VAUGHAN (comte et vicomte de Lisburne). (**G.-B.**) — Non revertar inultus.

VAUTHIER DE BAILLAMONT. (**P.-B.**) — Fortiter et cauté.

VEDEAU DE GRANDMONT. — Ex humilitate cordis pergam ad astra.

VELSEN. (**P.-B.**) — Honor et patria.

VERA. (**Esp.**) — Veritas vincit.

VERANNEMAN. (**P.-B.**) — *Veranneman!*

VERDIER (du). — Invicto fulmine crescet.

VEREKER (vicomte Gort). (**G.-B.**) — Vincit veritas.

VERGER DE LA ROCHEJAQUELEIN (du). — *Vendée! Bordeaux! Vendée!*

Vergy. — *Vergy-Notre-Dame !* — Sans varier.

Verheyen. (**P.-B**.) — Provide et constanter.

Ver eyden de Varick. (**P.-B**.) — Fidem servabo ge-
nusque.

Verthamon. — Fais que dois, advienne que pourra.

Vesey. = Vesey-Fitzgerald (vicomte de Vesey).
(**G.-B**.) — Sub hoc signo vinces.

Vevey de Bussy. (**Suisse**). — Dum vivo, multa video.

Viard. — VIvit et ARDet.

Vias. — Vias tuas, Domine, demonstra mihi.

Vidart. — Aux Maures.

Vienne (de). — Tout bien à Vienne. — Tôt ou tard
Vienne. — A bien Vienne.

Viesse de Marmont. — Patriæ totus et ubique.

Vignerot (du Plessis de Richelieu). = Richelieu (le
cardinal de). — Non deserit alta. = Richelieu (le
maréchal de). — Arda para subir.

Vignier de Ricey. — Tunc satiabor.

Vignod. — Sûreté et confiance.

Villain XIV. *Voyez* Gand.

Villaines de Saint-Aubin. — Dum spiro, spero.

Villegas de Clercamp. — Vilia ne legas.

Villèle. — Tout vient à point à qui sait attendre.

Villemur. — Dum clavum teneam.

Villeneuve. (Provence.) — *A tout !* — Per hæc re-
gnum et imperium. — Libéralité. = Villeneuve
de Vence. — Même devise.

Villeneuve. — Sicut sol emicat ensis.

Villenoir. — *A la belle !*

Villequier. — Uni militat astro.

Villerase de Castelnau. — Non mihi, sed Deo.

Villeroy (le marquis de). — Nec sine gloria cadet.

Villers. — *Villers!*

Villiers (comte de Clarendon). (**G.-B.**) — Fidei coticula crux.

Villiers de Lisle-Adam. — Va oultre.

Vincent (baronet). — Vincenti dabitur.

Vincent Phelippe. — Je me contente.

Vincent Savoilhans. — Ainsi le veux.

Vincent. (**Dauphiné**). — Omnia virtuti cedunt.

Vincent. (**Picardie**). — Gloria, palma, cedrus, gloria, fama, decus.

Vindé. — Nescit labi virtus.

Vintimille.—Præ millibus unus. — Nec me fulgura.

Virieu. — Virescit virtus et sine fine.

Virot. — Virtus vulnere viret.

Viry. — A virtute viri.

Vischer. (**P.-B.**) — Sans fard. = **Vischer de Celles.** — Même devise.

Vissec de La Tude de Ganges. — Sistor, non sistor.

Vitaliano. (**Ital.**) — Qui se humiliat exaltabitur, *ou* Exaltabitur sicut unicornis.

Vitton de Saint-Allais. — Semper fuerunt, semper.

Vivier de Fay-Solignac (du). — Nihil, nisi divinum timere.

Vivonne. — Tua munera jacto. — Ultra non miro.

Vogué de Montlor. — Sola vel voce leones terreo. — Vigilantia.

Voisins de Cuxac. — Pro fide.

Vredenburgh. (**P.-B.**) — Agro evellite spinas.

Vrière. — Regi et patriæ.

Vulson de la Colombière. — Pour bien faire. — Uno avulso non deficit alter. — In utrumque paratus.

W.

Waernewick d'Angest. (**P.-B.**). Laet vaerennydt.

Wake (baronet). — Vigila et ora.

Waldegrave (baron de Radstock). (**G.-B.**) — Saint Vincent. = Waldegrave (comte de Waldegrave). — Passez avant.

Wall. — Aut Cœsar aut Nullus.

Wall (Van de). (**P.-B.**) — Virtus nobilitalis decus.

Wallop (comte de Portsmouth). (**G.-B.**) — En suivant la vérité.

Walpole (comte d'Oxford). (**G.-B.**) — Fari quæ sentias.

Wapenaert d'Erpe. (**P.-B.**) — Semper armeœr triumphat.

Ward (baron Ward). (**G.-B.**) — Comme je fus.

Ward (vicomte Bangor). (**G.-B.**) — Sub cruce salus.

Warin. (**P.-B.**) — Vivit post funera virtus.

Waroquier. — *Hersin!* — A jamais Waroquier. — Dux Burgundiæ 1340 mihi dedit. = François de Waroquier. — Recta ubique et sic et cor.

Warren (baron de Tabley). (**G.-B.**) — Tenebo.

Warren. (**G.-B.**) — Leo de Juda est robur nostrum.

Warrender (baronet). — Industria.

Wassenaer. (**P.-B.**) — Mit Gansch trouwe.

Watson (lord Sondes). (**G.-B.**) — Esto quod esse videris.

Waudripont. (**P.-B.**) — *Cul à cul Waudripont!*

Wautier. (**P.-B.**) — Respice finem.

Wavrin d'Helissard. — *Wavrin! Wavrin!* — Moins que le pas.

Weiss-Albi. — Altior adversis. — Patria in cœlo.

Wellens van Ten Meulenberg. (**P.-B.**) — Cœlestibus auspiciis.

Wellesley (baron Cowley). (**G.-B.**) — Porrò unum est necessarium. = Wellesley-Pole (baron de Maryborough). — (Même devise). = Wellesley (duc de Wellington). — Virtutis fortuna comes.

Wemyss-Charteris-Douglas (comte de Wemyss et de March). (**G.-B.**) — Je pense.

Wescombe. (**G.-B.**) — Festina lentè.

West (comte Delaware). (**G.-B.**) — Jour de ma vie !

Westenra (baron de Rossmond). (**G.-B.**) — Post prælia, præmia.

Westreenen van Tiellandt. (**P.-B.**) — Fortiter et prudenter.

Wheate (baronet). — Virtus invicta gloriosa.

Wheler (baronet). — Facie tenens.

Whichcote (baronet). — Juste et droit.

White (comte de Bantry). (**G.-B.**) — The noblest motive is the public good.

Whitworth-Aylmer (lord Aylmer). (**G.-B.**) — Steady.

Wignacourt. — *Quieret!* — Durum patientia frango.

Wᴵˡˡᴵᴬᴹ-Pᴏᴡˡᴇᴛᴛ (baron Bayning). (**G.-B.**) — Stare super vias antiquas.

Wᴵˡˡᴵᴬᴹˢ (baronet). — Virtus in cumbet honori.

Wᴵˡˡᴵᴬᴹˢᴏɴ (baronet). — Venturæ and win.

Wᴵˡˡᴏᴛ ᴅᴇ Bᴇᴀᴜᴄʜᴇᴹᴵɴ. — Is mihi pro aris et rege animus.

Wᴵˡˡᴏᴜɢʜʙʏ (lord Middleton). (**G.-B.**) — Vérité sans peur.

Wᴵˡˢᴏɴ (baronet). — Pro legibus ac regibus.

Wᴵɴᴅʜᴀᴹ (comte d'Egremont) (**G.-B.**) — Au bon droit. = Wᴵɴᴅʜᴀᴹ-Qᴜᴵɴ (comte de Dunraven et de Mountearl). — Quæ sursùm volo videre.

Wᴵɴᴅˢᴏʀ (comte de Plymouth). (**G.-B.**) — Je me fie en Dieu.

Wᴵɴɢꜰᴵᴇˡᴅ (vicomte Powerscourt). (**G.-B.**) — Fidelité est de Dieu.

Wᴵɴɴᴵɴɢᴛᴏɴ (baronet). — Grata sume manu.

Wᴵᴛᴛᴇ. (**P.-B.**) — Tute vide.

Wᴏᴅᴇʜᴏᴜˢᴇ (baron Wodehouse). (**G.-B.**) — Agincourt.

Wᴏˡꜰꜰ (baronet). — Dante Deo.

Wᴏˡˢᴛᴇɴʜᴏˡᴹᴇ (baronet). — In ardua virtus.

Wᴏᴹʙᴡᴇˡˡ (baronet). — In well beware.

Wᴏᴏᴅꜰᴏʀᴅ (baronet). — Libertate quietem.

Wᴏʀˢˡᴇʏ-Hᴏˡᴹᴇˢ (baronet). — Vectis.

Wʀᴀʏ (baronet). — Et juste et vray.

Wʀᴇᴅᴇ. — Virtuti pro patria.

Wʀᴇʏ (baronet). — Le bon temps viendra.

Wᴜʀᴹʙʀᴀɴᴅ. — Ich mein's.

Wʏɴɴ (baron Newborough). (**G.-B.**) — Suaviter in modo, fortiter in re.

Wyns. (**P.-B.**) Cordis dos optima candor.

Y.

YEA (baronet). — Esto semper fidelis.

YELVERTON (vicomte Avonmore). (**G.-B.**) — Renascentur.

YONGE (baronet). — Fortitudine et prudentia.

YORKE (comte de Hardwicke). (**G.-B.**) — Nec cupias, nec metuas.

YOUNG (baronet). — Press through.

YSEBRAND DE BEVERVOORDE. (**P.-B.**) — Per mare, per terras.

YSEMBART DE WREICHEM. (**P.-B.**) — Fortitudine et temperantia.

YSUARD. — Les vaut trop mieux.

YVOY VAN HANGEST. (**P.-B.**) — Ex cinere revivo.

Z.

ZACHAREIS. (**All**). — Lieb (Amour).

ZAMOISKI. (**Pol.**) — Utraque civis.

ZUYLEN VAN NYEVELT. (**P.-B.**) — Qui nihil sperat desperet nihil.

TABLE

DES

PAIRIES D'ANGLETERRE

Avec Renvoi au nom de Famille.

A.

ABELDRAM. — *Voyez* Gordon.
ABERCORN. — *Voyez* Hamilton.
ABERDEEN. — *Voyez* Gordon.
ABERGAVENNY. — *Voyez* Neville.
ABOYNE. — *Voyez* Gordon.
AILESBURY. — *Voyez* Brudenell-Bruce.
AILESFORD. — *Voyez* Finch.
AILSA. — *Voyez* Kennedy.
AIRLIE. — *Voyez* Ogilvy.
ALBEMARLE. — *Voyez* Keppel.
ALTAMOUT. — *Voyez* Browne.
ALVANLEY. — *Voyez* Arden.
ANGLESEY. — *Voyez* Paget.
ANGUS. — *Voyez* Hamilton.
ANTRIM. — *Voyez* Macdonnel.
ARDEN. — *Voyez* Perceval.

Argyle. — *Voyez* Campbell.
Arklow. — *Voyez* Butler.
Arran. — *Voyez* Gore.
Arran. — *Voyez* Hamilton.
Ashtown. — *Voyez* Trench.
Athlone. — *Voyez* Ginkel.
Atholl. — *Voyez* Murray.
Aubigny. — *Voyez* Lennox, duc de Lennox et de Richemond.
Auckland. — *Voyez* Eden.
Audley. — *Voyez* Thicknesse-Tucket.
Avilie. — *Voyez* Ogilvy.
Avonmore. — *Voyez* Yelverton.
Aylmer. — *Voyez* Whitworth-Aylmer.

B.

Balcarres. — *Voyez* Lindsay.
Banden-Bridge. — *Voyez* Boyle.
Bangor. — *Voyez* Ward.
Bantry. — *Voyez* White.
Barham. — *Voyez* Noël.
Bath. — *Voyez* Thynne.
Bayning. — *Voyez* William-Powlett.
Beauchamp. — *Voyez* Pindar.
Beaufort. — *Voyez* Somerset.
Bedford. — *Voyez* Russell.
Belhaven. — *Voyez* Hamilton.
Belmore. — *Voyez* Lowry-Corry.
Bendlesham. — *Voyez* Thelusson.

BENTINCK — *Voyez* Cavendish-Bentinck.
BERKSHIRE. — *Voyez* Howard.
BERWICK. — *Voyez* Noël Hill.
BESBOROUGH. — *Voyez* Ponsonby.
BEVERLEY. — *Voyez* Percy.
BEXLEY. — *Voyez* Vansittart.
BLANTYRE. — *Voyez* Stewart.
BOLINGBROKE. — *Voyez* Saint-John.
BOLTON. — *Voyez* Orde-Powlett.
BORBOROUGH. — *Voyez* Ponsonby.
BOSTON. — *Voyez* Irby.
BOYNE. — *Voyez* Hamilton.
BRANDON. — *Voyez* Hamilton.
BRAYBROOKE. — *Voyez* Neville.
BREADALBANE. — *Voyez* Campbell.
BRIDPORT. — *Voyez* Hood.
BRISTOL. — *Voyez* Hervey.
BROGHILL. — *Voyez* Boyle.
BROOKE. — *Voyez* Greville.
BROWNLOW. — *Voyez* Cust.
BUCCLEUGH. — *Voyez* Montagu-Douglas-Scott.
BUCHAN. — *Voyez* Erskine.
BUCKINGHAM ET CHANDOS. — *Voyez* Temple-Nugent.
BURLINGTON. — *Voyez* Cavendish.
BUTE. — *Voyez* Crichton-Stuart.

C.

CAHER. — *Voyez* Butler.
CAITHNESS. — *Voyez* Sinclair.

CALEDON. — *Voyez* Alexander.
CALTHORPE. — *Voyez* Gough-Calthorpe.
CAMBERMERE. — *Voyez* Stapleton-Cotton.
CAMDEN. — *Voyez* Pratt.
CARBERY. — *Voyez* Evans-Freke.
CARDIGAN. — *Voyez* Brudenell.
CARLISLE. — *Voyez* Howard.
CARLTON. — *Voyez* Boyle.
CARNARVON. — *Voyez* Herbert.
CARRICK. — *Voyez* Butler.
CARRINGTON. — *Voyez* Smith.
CARTERET. — *Voyez* Thynne.
CARWATH. — *Voyez* Dalzell.
CARYSFORT. — *Voyez* Proby.
CASTLEMAINE. — *Voyez* Handcock.
CASTLE-MARTYR. — *Voyez* Boyle.
CASTLE-STEWART. — *Voyez* Stewart.
CAVAN. — *Voyez* Lambart.
CAVE.
CAWDOR. — *Voyez* Campbell.
CHANDOS. — *Voyez* Temple.
CHARLEVILLE. — *Voyez* Bury.
CHARLEMONT. — *Voyez* Caulfield.
CHATHAM. — *Voyez* Pitt.
CHAWORTH. — *Voyez* Brabazon.
CHESTERFIELD. — *Voyez* Stanhope.
CHICHESTER. — *Voyez* Pelham.
CHURCHILL. — *Voyez* Spencer.
CLANBOYE. — *Voyez* Blackwood.
CLANCARTHY. — *Voyez* Le Poer-Trench.

CLANMORRIS. — *Voyez* Bingham.
CLANRICARDE. — *Voyez* De Burgh.
CLANWILLIAM. — *Voyez* Meade.
CLARE. — *Voyez* Fitzgibbon.
CLARENDON. — *Voyez* Villiers.
CLARINA. — *Voyez* Massey.
CLIFDEN. — *Voyez* Agar-Ellis.
CLIFTON. — *Voyez* Bligh.
CLINTON. — *Voyez* Trefusis.
CLONBROCK. — *Voyez* Dillon.
CLONMEL. — *Voyez* Scott.
CLYDESDALE. — *Voyez* Hamilton.
COMBERMERE. — *Voyez* Stapleton.
CORK. — *Voyez* Boyle.
COURTOWN. — *Voyez* Stopford.
COWLEY. — *Voyez* Wellesley.
CREMORNE. — *Voyez* Dawson.

D.

DALHOUSIE. — *Voyez* Ramsay.
DARMOUTH. — *Voyez* Legge.
DARNLEY. — *Voyez* Bligh.
DECIES. — *Voyez* Horsley-Beresford.
DELAWARE. — *Voyez* West.
DENBIGH. — *Voyez* Feilding.
DERBY. — *Voyez* Smith-Stanley.
DESART. — *Voyez* Cuffe.
DEVON. — *Voyez* Courtenay.
DINORBEN. — *Voyez* Hughes.

DONEGALL. — *Voyez* Chichester.

DONERAILE. — *Voyez* Saint-Léger.

DONOUGHMORE. — *Voyez* Hutchinson.

DORCHESTER. — *Voyez* Carleton.

DOUGLAS — *Voyez* Hamilton.

DOWNE. — *Voyez* Dawnay.

DOWNSHIRE. — *Voyez* Hill.

DOWNES. — *Voyez* Burgh.

DROGHEDA. — *Voyez* Moore.

DUCIE. — *Voyez* Reynolds-Moreton,

DUFFERIN. — *Voyez* Blackwood.

DUFFUS. — *Voyez* Dunbar.

DUNALLEY. — *Voyez* Prittie.

DUNDONALD. — *Voyez* Cochrane.

DUNGARVAN. — *Voyez* Boyle.

DUNMORE. — *Voyez* Murray.

DUNRAVEN et MOUNTEARL. — *Voyez* Wyndham-Quin.

DUNSANY. — *Voyez* Plunkett.

DURHAM. — *Voyez* Lambton.

DUTTON. — *Voyez* Hamilton.

DYNEVOR. — *Voyez* Rice.

E.

EGLINGTON. — *Voyez* Montgomery.

EGMONT. — *Voyez* Perceval.

EGREMONT. — *Voyez* Windham.

ELDON. — *Voyez* Scott.

ELGIN. — *Voyez* Bruce.

ELIBANK. — *Voyez* Murray.

ELLENBOROUGH. — *Voyez* Law.
ELY. — *Voyez* Loftus.
ENNISKILLEN. — *Voyez* Cole.
ERNE. — *Voyez* Creighton.
ERROL. — *Voyez* Hay-Carr.
EXETER. — *Voyez* Cecil.
EXMOUTH. — *Voyez* Pellew.

F.

FALKLAND. — *Voyez* Carey.
FALMOUTH. — *Voyez* Boscawen.
FARNBOROUGH. — *Voyez* Long.
FARNHAM. — *Voyez* Maxwell.
FEIGNMOUTH. — *Voyez* Shore.
FERRARD. — *Voyez* Skeffington.
FERRERS. — *Voyez* Shirley.
FEVERSHAM. — *Voyez* Duncombe.
FIFE. — *Voyez* Duff.
FINGALL. — *Voyez* Plunkett.
FITZGERALD et VESEY. — *Voyez* Vesey.
FITZGERALD DE ROS. — *Voyez* De Ros.

G.

GALLOWAY. — *Voyez* Stewart.
GALWAY. — *Voyez* Monckton-Arundell.
GARVAGH. — *Voyez* Canning.
GIFFORD. — *Voyez* Hay.
GLAOMAS. — *Voyez* Polladion.

Glascow. — *Voyez* Boyle.
Glengall. — *Voyez* Butler.
Glenlyon. — *Voyez* Murray.
Godolphin. — *Voyez* Osborne.
Gormanston. — *Voyez* Preston.
Gort. — *Voyez* Vereker.
Grafton. — *Voyez* Fitzroy.
Granard. — *Voyez* Forbes.
Grantley. — *Voyez* Norton.
Granville. — *Voyez* Leveson-Gower.
Gravesend. — *Voyez* Graves.
Gredington. — *Voyez* Kenyon.
Guilford. — *Voyez* North.
Gullamore. — *Voyez* O'Grady.

H.

Haddington. — *Voyez* Hamilton.
Harborough. — *Voyez* Sherard.
Harburton. — *Voyez* Pomeroy.
Hardwicke. — *Voyez* Yorke.
Harewood. — *Voyez* Lascelles.
Harrington. — *Voyez* Stanhope.
Harrowby. — *Voyez* Ryder.
Hartington. — *Voyez* Cavendish.
Hartland. — *Voyez* Mahon.
Hastings. — *Voyez* Rawdon-Hastings.
Hawarden. — *Voyez* Maude.
Hawke. — *Voyez* Harvey-Hawke.
Headfort. — *Voyez* Taylour.

HEREFORD. — *Voyez* Devereux.
HERTFORD. — *Voyez* Seymour-Conway.
HEYTESBURY. — *Voyez* A'Court.
HINTON. — *Voyez* Poulett.
HOLLAND. — *Voyez* Vassall.
HOME. — *Voyez* Ramey-Home.
HUNTINGDON. — *Voyez* Hastings.
HOPETOUN. — *Voyez* Hope.
HORSEHEATH. — *Voyez* Bromley.
HOWARD DE WALDEN. — *Voyez* Ellis.
HOWDEN. — *Voyez* Caradok.
HOWE. — *Voyez* Curzon-Howe.
HOWLAND. — *Voyez* Russell.
HOWTH. — *Voyez* Saint-Lawrance.
HUNTINGFIELD. — *Voyez* Vanneck.

I.

IKERRIN. — *Voyez* Butler.
ILCHESTER. — *Voyez* Fox-Strangways
INGLISMALDY. — *Voyez* Carnegie.
INVERNESS. — *Voyez* Gordon.

J.

JERSEY. — *Voyez* Child-Villiers.

K.

KELBURNE. — *Voyez* Boyle.
KENMURE. — *Voyez* Gordon.

KENSINGTON. — *Voyez* Edwardes.
KERRIN. — *Voyez* Butler.
KILKENNY. — *Voyez* Butler.
KILMAINE. — *Voyez* Browne.
KILMOREY. — *Voyez* Needham.
KINALMEAKY. — *Voyez* Boyle.
KINGHORN. — *Voyez* Lyon-Bowes.
KINGSTON. — *Voyez* King.
KINGSDALE. — *Voyez* De Courcy.
KINNOUL. — *Voyez* Hay-Drummond.
KINTORE. — *Voyez* Keith-Falconer.

L.

LANARK. — *Voyez* Hamilton.
LANESBOROUGH. — *Voyez* Butler.
LANGFORD. — *Voyez* Rowley.
LANSDOWNE. — *Voyez* Petty-Fitzmaurice.
LEEDS. — *Voyez* Osborne.
LEINSTER. — *Voyez* Fitzgerald.
LEITRIM. — *Voyez* Clements.
LEVEN. — *Voyez* Leslie.
LIFFORD. — *Voyez* Hewitt.
LILFORD. — *Voyez* Powys.
LIMERICK. — *Voyez* Pery.
LINTRATHEN. — *Voyez* Ogilvie.
LISBURNE. — *Voyez* Vaughan.
LISLE. — *Voyez* Lysaght.
LISMORE. — *Voyez* O'Callaghan.
LISTOWELL. — *Voyez* Hare.

Liverpool. — *Voyez* Jenkinson.
Londonderry. — *Voyez* Vane.
Longford. — *Voyez* Pakenham.
Lorton. — *Voyez* King.
Lothian. — *Voyez* Ker.
Lousdale. — *Voyez* Lowther.
Louth. — *Voyez* Plunkett.
Lyndhurst. — *Voyez* Copley.
Lynedoch. — *Voyez* Graham.

M.

Macclesfield. — *Voyez* Parker.
Malmesbury. — *Voyez* Harris.
Mancashire. — *Voyez* Hamilton.
Manchester. — *Voyez* Montagu.
Mansfield. — *Voyez* Murray.
Manvers. — *Voyez* Pierrepont.
March. — *Voyez* Wemyss-Charteris- Douglas.
Marlborough. — *Voyez* Spencer.
Marr. — *Voyez* Erskine.
Maryborough. — *Voyez* Wellesley-Pole.
Massereene. — *Voyez* Skeffington.
Mayo. — *Voyez* Bourke.
Meath. — *Voyez* Brabazon.
Melbourne. — *Voyez* Lamb.
Meldrum. — *Voyez* Gordon.
Melfort. — *Voyez* Drummond.
Melrose. — *Voyez* Hamilton.
Melville. — *Voyez* Saunders-Dundas.

MELVILLE. — *Voyez* Leslie.
MENDIP. — *Voyez* Agar-Ellis.
MEXBOROUGH. — *Voyez* Saville.
MIDDLETON. — *Voyez* Brodrick.
MIDDLETON. — *Voyez* Willoughby.
MILLOWN. — *Voyez* Leeson.
MINTO. — *Voyez* Elliot-Murray-Kynynmond.
MONAGHAM. — *Voyez* Blayney.
MONTEAGLE. — *Voyez* Browne.
MONTFORT. — *Voyez* Bromley.
MONTGOMERY. — *Voyez* Herbert.
MONTROSE. — *Voyez* Graham.
MORAY. — *Voyez* Stuart.
MORLAY. — *Voyez* Parker.
MORTIMER. — *Voyez* Harley.
MORTON. — *Voyez* Douglas.
MOSTYN. — *Voyez* Lloyd.
MOUNTCASHELL. — *Voyez* Moore.
MOUNT-EDGECUMBE. — *Voyez* Edgecumbe.
MOUNTMORRES. — *Voyez* De Montmorency.
MOUNTNORRIS. — *Voyez* Annesley.
MOUNT-SANDFORD. — *Voyez* Sandford.
MULGRAVE. — *Voyez* Phipps.
MUNCASTER. — *Voyez* Pennington,
MUSKERRY. — *Voyez* Deane.

N.

NEWBOROUGH. — *Voyez* Wynn.
NEWBURGH. — *Voyez* Eyre.

O.

P.

Q.

QUEENSBERRY. — *Voyez* Douglas.
QUERHOENT. — *Voyez* Kerhoënt.

R.

RADSTOCK. — *Voyez* Waldegrave.
RANCLIFFE. — *Voyez* Parkyns.
RANELAGH. — *Voyez* Jones.
RANFURLY. — *Voyez* Knox.
RATHDOWN. — *Voyez* Monck.
RAVENSWORTH. — *Voyez* Liddell.
REAY. — *Voyez* Mackay.
REDESDALE. — *Voyez* Freeman-Mitford.
RENDLESHAM. — *Voyez* Thelusson.
RIBLESDALE. — *Voyez* Lister.
RICHEMOND. — *Voyez* Lennox.
RIPON. — *Voyez* Robinson.
RIVERS. — *Voyez* Pitt-Rivers.
RIVERSDALE. — *Voyez* Tonson.
RODEN. — *Voyez* Jocelyn.
ROKEBY. — *Voyez* Montagu.
ROMNEY. — *Voyez* Marsham.
ROSEBERRY. — *Voyez* Primrose.
ROSEHILL. — *Voyez* Carnegie.
ROSCHILT. — *Voyez* Carnegie.
ROSCOMMON. — *Voyez* Dillon.
ROSS. — *Voyez* Boyle.
ROSSE. — *Voyez* Parsons.

Rosslyn. — *Voyez* Saint-Clair-Erskine.
Rossmond. — *Voyez* Wistusra.
Rothes. — *Voyez* Leslie.
Rothesay. — *Voyez* Stuart-Rothesay.
Rothesay. — *Voyez* Stuart.
Roxburgh. — *Voyez* Innes-Ker.
Rutland. — *Voyez* Manners-Sutton.

S.

Sage. — *Voyez* Eardley-Twisleton-Fiennes.
Saint-Germain. — *Voyez* Elliot.
Saint-Helens. — *Voyez* Fitz-Herbert.
Saint-Vincent. — *Voyez* Jervis.
Salisbury. — *Voyez* Gascoigne-Cecil.
Saltoun. — *Voyez* Fraser.
Sandwich. — *Voyez* Montagu.
Scarborough. — *Voyez* Lumley-Saville.
Scarsdale. — *Voyez* Curzon.
Seafield. — *Voyez* Grant-Ogilvie.
Seaford. — *Voyez* Ellis.
Sefton. — *Voyez* Molyneux.
Selkirk. — *Voyez* Douglas.
Sele. — *Voyez* Eardley-Twisleton-Fiennes.
Selsey. — *Voyez* Peachey.
Shadbroke. — *Voyez* Rous.
Shaftesbury. — *Voyez* Ashley-Cooper.
Shangford. — *Voyez* Smithe.
Shannow. — *Voyez* Boyle.
Sheffield. — *Voyez* Holroyd.

Shrewsberry. — *Voyez* Talbot.
Skelmersdale. — *Voyez* Bootle-Wilbraham.
Sidmouth. — *Voyez* Addington.
Sinclair. — *Voyez* Saint-Clair.
Sligo. — *Voyez* Browne.
Sommerset. — *Voyez* Seymour.
Sommers. — *Voyez* Cocks.
Sondes. — *Voyez* Watson.
Stamford. — *Voyez* Grey.
Stenton. — *Voyez* Hamilton.
Storwell. — *Voyez* Scott.
Strathmore. — *Voyez* Lyon-Bowes.
Suffield. — *Voyez* Harbord.
Suffolk. — *Voyez* Howard.
Sutherland. — *Voyez* Leveson.
Sydney. — *Voyez* Townshend.

T.

Tabley. — *Voyez* Warren.
Talbot. — *Voyez* Cheswynd-Talbot.
Tankerville. — *Voyez* Bennet.
Templetown. — *Voyez* Upton.
Teynham. — *Voyez* Roper-Curzon.
Thanet. — *Voyez* Tufton.
Thomond. — *Voyez* O'Brien.
Thurles. — *Voyez* Butler.
Torphichen. — *Voyez* Sandilands.
Torrington. — *Voyez* Byng.
Traquhair. — *Voyez* Stuart.

Tullamore. — *Voyez* Bury.
Tweeddale. — *Voyez* Hay.
Tyrconnel. — *Voyez* Carpenter.

V.

Vaux. — *Voyez* Brougham.
Ventry. — *Voyez* Mullins.
Verulam. — *Voyez* Grimston.

W.

Wallscourt. — *Voyez* Blake.
Walsingham. — *Voyez* De Grey.
Warrington. — *Voyez* Grey.
Warwick. — *Voyez* Greville.
Waterford. — *Voyez* De la Poer-Beresford.
Waterloo. — *Voyez* Wellesley.
Waterpark. — *Voyez* Cavendish.
Wellesley. — *Voyez* Colley ou Cowley-Vellesley.
Wellington. — *Voyez* Wellesley.
Westmeath. — *Voyez* Nugent.
Westminster. — *Voyez* Grosvenor.
Westmoreland. — *Voyez* Fane.
Westport. — *Voyez* Browne.
Wharncliffe. — *Voyez* Stuart-Wortley-Mackenzie.
Wicklow. — *Voyez* Howard.
Willoughby de Eresby. — *Voyez* Drummond.
Wilton. — *Voyez* Egerton.
Winchester. — *Voyez* Paulett.

Winchilsea. — *Voyez* Finch-Hatton.
Winterton. — *Voyez* Turnour.

Y.

Yarborough. — *Voyez* Anderson-Pelham.

FIN.